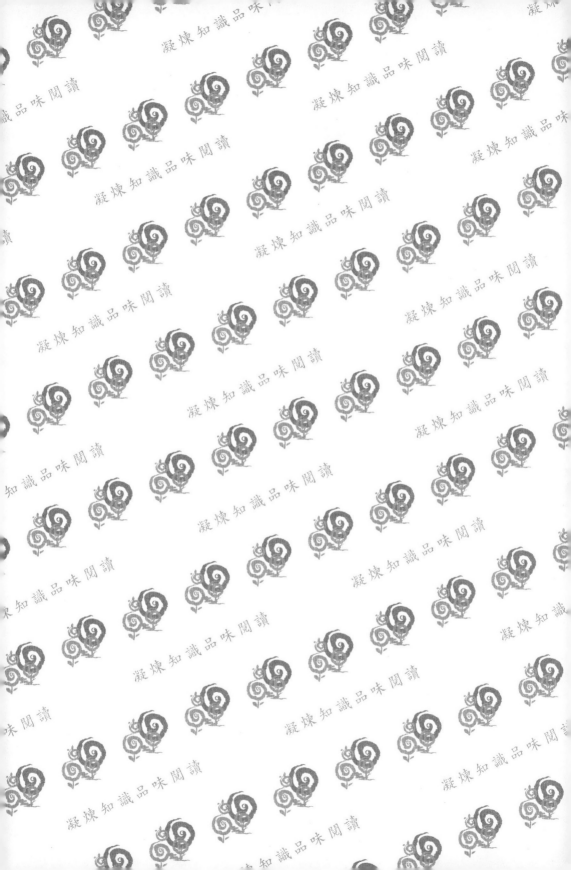

臺灣教育評論學會
2020年度專書

素養導向的教育理念與實踐

黃政傑　策劃
翁福元、陳易芬　主編

楊雅妃、楊素綾、鮑瑤鋒、張明麗

羅寶鳳、鄭友超、吳俊憲、楊易霖

陳奕璇、周東賢、蘇雅珍、陳靜姿

吳善揮、蔡岳暻、葉建宏、葉貞妮

合著

（依寫作篇章順序排列）

五南圖書出版公司 印行

理事長序

　　2019年，十二年國教新課綱自小一、國一及高一開始實施。新課綱本於全人教育精神，依自發、互動、共好理念，以「成就每一個孩子：適性揚才、終身學習」爲願景，邁向啓發生命潛能、陶養生活智能、促進生涯發展、涵育公民責任之目標。惟新課綱最受重視者爲核心素養的改革主軸，新課綱總綱把它界定爲：「一個人爲適應現在生活及面對未來挑戰，所應具備的知識、能力與態度」；「強調學習不宜以學科知識及技能爲限，而應關注學習與生活的結合，透過實踐力行而彰顯學習者的全人發展。」總綱進而以終身學習爲目標訂定三面九向的核心素養，作爲各領域、學科、群科課綱之依循。

　　新課綱發布後，政府和學校都以核心素養教育如何落實爲焦點，進行實施的各項準備。不論是教育部國教署、師藝司、國家教育研究院、中央和地方國教輔導團、普高學科中心、技高群科中心、師資培育各領域研究中心等，都針對素養導向課程如何規劃、教學如何實施、教材如何編寫、教案如何設計、師資如何培育，持續探討，蔚爲風潮。民間團體不落人後，亦舉辦相關研討或論壇，編輯素養導向教材，出版核心素養刊物及專書，使得素養的探究成爲教育主流。

　　臺灣教育評論學會對教改重要議題，素爲關注，對於素養導向教育的理念和實踐亦思謀貢獻心力，乃訂爲2020專書主題，由國立暨南國際大學翁福元教授與國立臺中教育大學陳易芬副教授

1

主編，邀請專家學者和實務人員撰文分析及評論。今專書終於完成，適值新課綱實施進入第二年，期許後續素養導向教育之推動得以參考。本書出版之際，首先感謝本書各文作者惠賜鴻文；其次感謝翁福元、陳易芬兩位主編之辛勤規劃、約稿，並安排全書各文之雙審和編排；再次要感謝五南圖書相關同仁全力支持出版本書。最後感謝本學會葉興華祕書長和祕書處全體同仁對本書編輯出版之協助。

臺灣教育評論學會理事長
靜宜大學教育研究所終身榮譽教授

黃政傑

主編序

現代之素養導向教育（Competence-based Education）理念，自1960年代倡議於美國之後，即蔚為風潮，影響許多國家的教育改革與課程發展。我國從1970年代開始，種種的教育改革或課程發展，也受到這股風潮的影響。不論是1970年代師範專科學校或是1980年代高級職業學校課程的改革，都是以「能力本位」（Competence-based Education）為核心，此即是所謂的「素養導向教育」。到2001年，九年一貫課程的「基本能力」、「核心能力」與「關鍵能力」，也是圍繞著「素養導向教育」的理念發揮的。再到2019的「新課綱」或「108課綱」，更直接挑明是「素養導向教育」的課程。根據M. Brown（1994）的分析，「素養導向教育」的發展，從二十世紀開始到1980與1990年代，經歷了五代的發展，現代的「素養導向教育」源自於1960年代的美國。O. Bernikova（2017）指出：素養導向教育有各種的定義與各類的推動途徑——在美國和歐洲及俄羅斯的取向，就有相當大的差異；然而，其宗旨皆在於「提供學習者技能，以獨力完成一系列個人的或專業的任務」。就因為「素養導向教育」的理念與實踐途徑，有諸多歧異；縱使「新課綱」已經實施，對於「新課綱」的課程總綱與各領域課程綱要，仍有諸多的討論與論辯。對於，「新課綱」要如何具體的實施，也是議論紛紛、莫衷一是。

臺灣教育評論學會（http://www.ater.org.tw/；現任理事長為黃政傑終身講座教授）在前述「素養導向教育理念」對「新課

綱」發展與實施的重要性，以及在學校本位特色課程設計，所扮演的核心關鍵角色，向來頗為關注與親力親為，殫精竭力、擘畫開展。值此「素養導向的教育理念」帶給臺灣各級各類教育進行體質改造，從過去之量變導向未來之質變的契機。以全面改善教育品質、提升人力資源素質，進而全面提高國家競爭力之契機與動能的當下。特別敦請國立暨南國際大學翁福元教授與國立臺中教育大學陳易芬副教授主編學會的第九本年度專書《素養導向的教育理念與實踐》。

　　臺灣教育評論學會關心前述素養導向教育理念的趨勢與潮流，以及對臺灣教育改革與課程發展的影響；更希望對「素養導向的教育理念」之在臺灣教育可能的發展與圖像，有所構思與發聲。因此，以「素養導向的教育理念與實踐」作為本（2020）年度專書主題，由我們擔任主編之責，對外邀稿及徵文。時光匆匆，歲月如梭，本書終於編輯完成，付梓在即。本書共輯錄論文12篇，主要分成理念與實踐兩部分。本年度專書輯錄之論文，皆經過初審與複審之雙匿名審查作業過程，過程不可不謂之嚴謹。

　　本書之完成，首先，要感謝各章作者不辭辛勞，伏案振筆，惠賜文稿；其次，要感謝審稿者的大力協助，使各專文得以參酌審查意見，做必要之修訂；還要感謝五南圖書出版公司慨允出版本書，且文編、美編皆力求精美，把握時效，讓本書得以及早面世。臺灣教育評論學會現任助理鄧靖儒先生協助本書後續出版事宜，黃政傑理事長，以及葉興華祕書長對本書的持續關注和支持，也是必須感激的。最後，要感謝國立暨南國際大學教育政

策與行政學系博士班研究生劉益嘉校長義務擔任主編助理，其間犧牲奉獻，備極辛勞。但願本書之出版，對臺灣教育之改革與發展，得盡棉薄之力。

國立暨南國際大學教授

翁福元

國立臺中教育大學副教授

陳易芬

2020年5月

目 次

第一章

新課綱素養導向教育的挑戰與因應之道

楊雅妃

國立彰化高級中學教務主任

楊素綾

彰化縣二林鎮廣興國小主任

一、前言

　　每一次教育變革的發生，都有其聚焦關注的重要事件，抑或希冀達成的教育理念；它是整體脈絡發展而來的應然轉變，卻也促成了相關配套的必然作為。

　　十二年國教總綱對於核心素養的定義，係指一個人為適應現在生活及面對未來挑戰，所應具備的知識、能力與態度。核心素養強調學習不宜以學科知識及技能為限，而應關注學習與生活的結合，透過實踐力行而彰顯學習者的全人發展（教育部，2014）。

　　總綱對於核心素養的論述，凸顯了幾個重要議題：其一、在教學現場，或謂學習現場，除了知識與能力（技能）之外，價值意義層面的「態度」受到關注；其次、學習要透過實踐力行，與生活相結合，此處學習經驗所觸及的生活情境，是否僅限於實然存在、具體可感的現實生活情境，抑或包含應然存在、理性可知的學理情境；其三、以學習者為中心的全人發展，重點在於學習者學到什麼，而非教學者教了什麼。

　　爰此，教師如何進行素養教學、學生如何在情境中學習、校長如何領導學習組織因應變革，在這一波新課綱素養導向課程推動中，勢必迎來新的挑戰與值得省思之處。

二、新課綱素養導向理念對於教育現場的挑戰

　　關於素養導向課程，對教學現場的教師而言，怎麼樣的教材才符合素養導向理念？素養課程如何教？為什麼要進行素養導向教學？其次，對於學習者而言，如何在實踐中落實素養導向課程的學習？如何在情境中應用所學？如何在學習過程中，彰顯「態度」的價值意義層面？另外，對校長（首席教師）而言，面對素養導向理念的落實，如何帶領學校組織因應變革，發揮其影響力？以下，分就三個面向論述。

（一）教師進行素養導向課程的挑戰

隨著108課綱正式上路，高中課程規劃進入一個新的里程碑。除了部定必修、部定選修課程之外，各校自訂的校訂必修、校訂選修課程，看似紛繁蔚然，開展而為別具校本特色的課程地圖，實則考驗著學校教師的課程研發動能、課程實施效能，這當中，首當其衝的，便是文本的選擇；亦即怎樣的教材，才是符合素養導向理念的教材。

文本的選擇，決定了老師教什麼；然而，素養導向的課程規劃，促使教師從既有設定的教學目標，轉而為以學習者為中心的學習目標，這不但涉及課程設計、教學方法與評量方式的調整，更影響教師對自我角色認知的重新定位。

（二）學生面對素養導向學習的調適

在素養導向課程的學習中，學生的態度、情意、價值與動機這個面向，特別被凸顯出來，實則這些抽象的特質並非紙筆測驗所能竟其功，而是要放在學習歷程中觀察。當學習不再只是一個人的事，而是在同儕共學中，藉由討論、對話、分享、表達而完成，存在其間的變數除了學習內容本身，「人」的因素是溝通對話過程中，難以預料的變項，這是學生最親近、卻也是最不易處理的一個部分，「學習表現」的困難於此可見。

值得注意的是，核心素養強調學習與生活的結合，以期協助學習者為適應現在生活及面對未來挑戰做好準備。然則，對學生而言，並非課堂中所有的知識與技能，都能直接介接到生活情境裡；再者，迎向現實生活與未來挑戰所需具備的能力，亦非單一學科所能完備，跨領域的學習與融會貫通，成了學生進行素養導向學習時，必須具備的觀念調適。

（三）校長因應教育變革的考驗

　　新課綱素養導向課程上路，作為學校領導者、首席教師的校長，誠無法自外於這波教育變革。就課程領導而言，鄭彩鳳（2019）認為，課程領導是基於領導者的課程專業知識，以發展課程為其核心任務，據以達成教育目標的動態歷程，這當中包含了領導者影響力的發揮、評估及整合內外部資源、落實課程及教學革新、促進教師專業成長、提升學生學習成效，以及維繫學校總體課程品質等。爰此，在這波新課綱教育變革潮流下，素養導向課程即為校長在教育現場所必須達成的教育目標。

　　就教學領導而言，王俊斌（2019）指出，教學領導的界定，存在「狹義」和「廣義」兩種不同立場。狹義的教學領導，涉及與教師教學和學生學習直接相關的可觀察行為，例如：教師專業發展、教學視導、以及教學開發；廣義的教學領導，則舉凡與學生學習成效相關者，皆包含在內，因此作為課程領導者，校長必須提出組織願景、改善校園文化及組織氛圍。

　　就學習領導而言，校長必須能夠透過組織間的合作、共享與責任分擔之學習，持續推動教師專業發展，增進教師有效教學、促進學生有效學習，確保學生學習品質（顏國樑，2019）。綜上所述，無論就課程領導、教學領導或學習領導觀之，校長在面對素養導向課程的教育變革，除了以發展課程為核心任務，如何進行學校組織再造、提升教師專業成長、確保學生學習成效、引進內外部資源，以維持學校總體課程品質，實一大考驗。

三、落實新課綱素養導向教育的因應作為

　　教育政策的推動及配套，有其時空環境下的考量與需求。若非真正了解素養導向教育理念的論述脈絡，及其對於教育現場產生的挑戰，勢必難以理解，近年來屢屢推陳出新的教育政策、應運而生的競爭型專

案計畫、相關教育範疇的補充規定，何以這幾年密集修訂？種種看似枝枝節節的作為，實際上，都是為了落實新課綱素養導向教育所做的準備。

（一）轉化教師固有教學模式

上文提到，文本的選擇，決定了老師教什麼。新課綱素養導向的課程，就部定必修、部定選修課程而言，其所使用的教科書必須經過教育部審定核可，這對於尚未熟稔素養導向教學的第一線教師而言，具有重要的指導意義（周淑卿，2019）。至於因應各校校本特色所開設的校訂必修、校訂選修課程，其開設內容規劃，必須經由各校課程發展委員會審議，並邀請相關專家學者蒞臨指導，且聽取學科代表、教師代表、學生代表及家長代表的意見，以期更好地落實以學習者為中心的素養教育理念。與此同時，近年來高中職優質化計畫，亦安排階段性進程，帶領各校以競爭型專案計畫的方式，逐漸形塑學校願景、學生圖像、課程地圖，導入相關設施設備，希冀更好地接軌新課綱的課程。

其次，隨著教師對於課程教學目標的設定，轉而為以學習者為中心的學習目標，這樣的調整使得教師對於自我角色的認知，逐漸從指導者、問題解決者，轉而為支持者、引導者、陪伴者的角色。對教師而言，素養導向教學並非教學方法上的炫技，而是要幫助學生開展深度理解，展現學用合一的具體行動，因此「以概念為本」的清楚建構，強調概念與概念間的連結，並於教學引導時，順勢導入情境任務，讓學生建立自己的理解和詮釋，進而實踐在日常生活中（林芳如，2018）。這種教學方式的改變，著眼於學生的「學習表現」，且於學習歷程中開展，相應的，其評量方式就不再偏限於定期考試、固定時間作答的紙筆測驗，而需要歷時性、多元評量方式的配合。

隨著新課綱素養導向課程的推動，學生「學習表現」受到重視，學習歷程的成果相形重要。爰此，學習歷程檔案資料庫的建置、高級中等學校學生評量辦法的研擬、課程諮詢教師的培訓、彈性學習時間自主學

習的實施、課程評鑑的推動等，值此時期應運而生。這些改變，對於教學現場的教師而言，既陌生又忐忑，然而，只要能夠從觀念上理解素養導向課程的理念，便不難理解相關配套的作為，其實有其對準的核心價值所在。成就學生的過程當中，相信教師也能於此間提升專業成長，讓自己也成為終身學習者。

（二）營造學生學習體驗情境

素養導向教育很重要的一個部分，就是強調實踐導向的學習（practice-based learning），這需要足夠時間歷程的實踐與操作，以提供學習者發揮其素養能力，甚至是跨領域素養的運用；在這樣的學習氛圍裡，教師能做的，就是盡可能地提供學習者多元的嘗試機會與情境任務，並居於督導者或是觀察者的角色，而非以指導者的身分強行介入（O'Sullivan & Burce, 2014），讓學生在小組互動、對話討論、動手實踐中，感受到如何與「人」相處的智慧，如何在問題思考中，找出解決的可能方法，讓學習歷程變得更有意義，進而展現在「學習表現」的成果當中。

誠然，問題導向設計的情境活動，是讓學生在情境任務中學習體驗的一種方式，但活動本身畢竟不能等同於學習的全部。我們認為，所謂的生活情境（real situation）除了現實的生活樣態，教師在課堂當中的情境任務，也可以指涉理性思維可以到達的學術情境，這種脈絡化的情境，雖與日常生活沒有直接相關，但卻是探勘生活深度、理性可以觸及的真實存在情境。

素養導向教育包括了知識、技能、態度等面向，其中「態度」的部分，係指個人迎向客體所驅動的內在心理狀態，且即將付諸實際行動。對學習者而言，付諸實踐行動的當下，正向、積極，抑或退縮、抗拒，這些內在心理的預設狀態，都將影響其付諸行動時的「學習表現」，倘若情境任務需要同儕小組共同完成，學習者之間更需要能夠彼此支持、樂於讚美、分工合作、跨領域系統思考，讓學習成為自發成

長、互動溝通、共榮共好的美好學習經驗。

（三）強化校長領導效能

在新課綱素養導向教育潮流下，身為首席教師的校長，在帶領學校團隊發展課程的同時，除了支持老師專業成長、提升學生學習成效，更重要的是，提出學校願景，指出學校發展方向，制定短期、中期、長程目標，讓每一個階段的努力，有施力點、著力處。然而，學校願景的提出，不單單僅是校長個人的想望，而是需要藉由學校組成分子的參與，逐步凝聚成共同的願景，且時時校準素養教育的理念，繼而在不斷地對話、溝通、理解、尊重之下，找到可以走在一起的理由，覓得一起往前進的動力與勇氣，這就是學習組織裡團隊共好共榮的展現。

如果說，素養導向教育希冀培養學習者具備適應現在生活及面對未來挑戰的知識、技能與態度；那麼，唯有更好地認識自身所處的這個世界，更加清楚地認識自己，把自己也當作「他者」來觀照，才能真正地理解這個世界，而不是一廂情願地看見自己想看的，抑或只看得見自己內心投影的存在。校長作為學校的領導者，要帶領團隊前進，也必須藉由系統思考的鍛鍊，讓學習組織裡的成員，在表達一己見解之際，能夠開放心靈，悅納不同的聲音與想法，實則，短暫的「衝突」不是關係的決裂，而是讓我們與問題覿面相對，這是解決問題的契機，智慧得以真正深化的自我超越。與其說，是我們在成就學生成為終身學習者；實則，校長、老師在落實素養導向教育、提升教師專業成長、推動專業學習社群、確保學生學習品質的過程中，也讓自己成為終身學習者的一分子。

四、結語

新課綱素養導向教育，無疑是教育現場的一大變革；然而，真正的變革，不是沒有挫折，而是即便遇到挫折，也能在梳理箇中脈絡後，肯認其所揭櫫的教育理念，試著調整、嘗試克服。當有一天，我們看見所陪伴的孩子們逐漸能夠獨立思考、獨當一面，能夠自信而不自負，能夠謙虛而有溫度，我們將會感謝：我們未曾放棄過成就學生的機會，也成全自己成為終身學習者的契機。

參考文獻

一、中文部分

王俊斌（2017）。教學領導與專業增能：TALIS 2013的省思。**教育研究月刊**，284，134-148。

林芳如（2018）。臺北市十二年國教課程先鋒學校的試行經驗：校長的學習領導視角。**教育研究月刊**，289，92-106。

周淑卿（2019）。十二年國教課綱的教科書準備工作：專訪國家教育研究院教科書研究中心楊國揚主任。**教育研究月刊**，303，4-11。

教育部（2014）。十二年國民基本教育課程綱要總綱。臺北市：作者。

鄭彩鳳、黃宏文（2019）。新課綱下學校中階雙歧領導任務之挑戰。**教育研究月刊**，304，46-61。

顏國樑、閔詩紜（2019）。國民中小學校長推動108課綱的領導取向與具體作為。**教育研究月刊**，304，80-97。

二、英文部分

O'Sullivan, N. & Burce, A. (September, 2014). Teaching and learning in competency-based education. In Domazet, D. (Chair), *The Fifth International Conference on e-Learning*. Symposium conducted at the meeting of Univerzitet Metropolitan, Belgrade, Serbia.

第二章

十二年國教素養導向課程總綱之校訂課程發展策略

鮑瑤鋒

國立暨南國際大學教育政策與行政學系博士

臺中市大雅區六寶國小校長

一、前言

在符應世界延長國民教育年限的潮流，以及國人對於國民教育品質的殷切期盼下，並依《教育基本法》第11條（全國法規資料庫，102）：「國民基本教育應視社會發展需要延長其年限。」我國於108學年度全面啟動十二年國民基本教育，以落實課程改革的全方位精進，成就孩子們迎向未來的競爭力。

面對十二年國民基本教育對於校訂課程的創新型態，原以能力為導向建構之學校本位特色課程，如何轉化為十二年國民基本教育，以素養為導向的校訂課程規劃與實踐，成為學校一大挑戰。

其次，學校教師在此次課程變革的歷程中，扮演極為重要的關鍵角色。教師對於課程內涵的詮釋與設計，將影響課程實施的品質與成效。另外，學校課發會推動課程的實踐，是課程推動不間斷且重要的延續歷程，如何尋求適切的延續策略，在實施前，了解學校可能遇到之困難，並提早規劃因應，以求得完善準備之契機，則是學校所有行政同仁和老師必須積極面對的挑戰和任務。

二、素養導向之十二年國教課程特色分析

十二年國教新課綱課程的特色就是由學校安排，以形塑學校教育願景及強化學生適性發展，在國民小學及國民中學為「彈性學習課程」。此類課程包含跨領域統整性主題／專題／議題探究課程，社團活動與技藝課程，特殊需求領域課程，以及本土語文／新住民語文、服務學習、戶外教育、班際或校際交流、自治活動、班級輔導、學生自主學習、領域補救教學等其他類課程（教育部，2014）。

依據十二年國民基本教育課程綱要總綱的相關規範，學校校訂課程的涵義包含下列三點（教育部，2014）：學校校訂課程之規劃，包含部定課程及校訂課程；學校課程發展委員會應掌握學校教育願景，發展學校本位課程；學校課程計畫為學校本位課程規劃之具體成果。

　　值得注意的是，雖然都是「校訂課程」，但在國小、國中、高中階段，名稱卻不同。在國小、國中階段，校訂課程名為「彈性學習課程」，包含「跨領域統整性主題／專題／議題探究課程」、「社團活動」與「技藝課程」等，108課綱更在國小彈性學習課程導入新住民語文的選項，促進對臺灣70萬新移民族群的理解。在高中階段，校訂課程則包含「校訂必修課程」、「選修課程」、「團體活動時間」及「彈性學習時間」。

　　過往九年一貫課程推動時，「彈性學習」經常被拿去上國、英、數等考科，這次課綱在總綱明訂，學生用來自主學習、反思的時段，就不再被考科占據。顯然，有了校訂課程，全臺灣各地的每間學校，開始有除了升學榜單績效以外，將遍地開出不同特色課程的花朵。

　　因此綜合上述各校校訂課程需要完成的目標，首先要了解學校和社區脈絡，以及評估學生缺乏而需促進的能力，然後學校根據既有本位課程的盤點，描繪出學校兒童圖像及校訂課程架構的發展，最後檢視師資，以及各年段課程內容和節數規劃，由全體教師制訂出校訂課程課表編排（彈性學習課程安排）。因此課程的特色是以學生學習為依歸，並充分尊重教師自主和專業的展現。

三、素養導向之十二年國教課程下的校訂課程

　　「素養」是一種理念，也是一種有待進一步深入探究的理論構念。就「素養」的理念而言，「素養」是指個體為了發展成為一個健全個體，必須因應生活情境需求所不可欠缺的知識（knowledge）、能力（ability）與態度（attitude）（蔡清田，2012）。

　　本研究的探討聚焦於十二年國教總綱素養導向校訂課程，首先說明十二年國教總綱的特色，其次了解素養作為課程發展主軸的內涵，繼之檢視過去彈性學習節數的實施問題，以及未來校訂課程的規劃。

（一）十二年國教課程總綱的特色

洪詠善、范信賢（2015）指出，十二年國民基本教育課程綱要總綱具有以下特色：

1. 全人教育：注重五育均衡發展

為協助學生五育均衡發展，總綱在國中小階段的彈性學習課程中，規劃社團活動與技藝課程，以及設計團體活動時間、彈性學習時間等，使學生能有更多的機會，朝向全人教育發展邁進。

2. 素養導向：發展核心素養以整合知學用

總綱以「核心素養」作為課程發展及設計的主軸。強調學習需彰顯學習者的主體性，將學習與生活情境結合，透過實踐力行而彰顯學習者全人發展。

3. 連貫統整：務實推動課程的連貫與統整

總綱研修將國民小學、國民中學及高級中等學校教育階段做整體考量。一方面強化各教育階段間的縱向連貫，處理銜接問題，一方面注重各領域間的橫向統整，促成領域之間的連結，使學生能獲得完整的學習經驗。

4. 彈性活力：強化學校本位課程發展

總綱鼓勵學校結合願景及資源發展辦學特色。學校可辦理全校性、全年級或班群活動，落實學校本位及特色課程。

5. 多元適性：落實學生為主體的適性學習

總綱強調學生學習的主體性，以適性發展其多元智能、興趣和性向。在國中小階段規劃統整性主題／專題／議題探究課程、技藝課程、特殊需求領域課程、社團活動、服務學習、戶外教育、自主學習等課程。

蔡清田（2018）指出，十二年國民基本教育課程綱要總綱具有以

下特色：

1. 以核心素養為導向的課程改革

十二年國民基本教育課程改革的「核心素養」，係指現代與未來國民透過新課程習得面對未來生活挑戰，所應具備的知識、能力與態度。

2. 以學生為主體的課程發展

《十二年國民基本教育課程綱要總綱》以學生為主體，彰顯學習主體的重要性，希望所有學生都能依教育階段的身心發展階段任務逐漸具備國民所需的「核心素養」而且強調「以學生為主體的課程發展」，強調其在生活中能夠實踐力行的特質。

3. 以終身學習者為核心的課程設計導引學科領域連貫與統整

《十二年國民基本教育課程綱要總綱》的「核心素養」係以「終身學習者」為核心，引導學生學習自主行動、溝通互動及社會參與所需之核心素養。

4. 以領域／科目與核心素養為基礎的課程統整

《十二年國民基本教育課程綱要總綱》，強調「部定課程」與「校訂課程」的「彈性學習課程」與「彈性學習節數」的實施，重視領域／科目的重要性，另一方面又注入核心素養的新生命力。

5. 以核心素養進行跨領域／科目的課程統整

《十二年國民基本教育課程綱要總綱》之三面九項「核心素養」，希望透過「學習內容」與「學習表現」，展現各領域／科目「學習重點」課程設計，引導學生學到更為寬廣且能因應社會生活情境所需的「核心素養」。

6. 以核心素養為依據的學習評量

十二年國教課程強調以核心素養為依據的學習評量。換言之，學習評量應能呼應「核心素養」的「學習重點」，考量學生生活背景與日常經驗，妥善運用在地資源，發展真實有效的學習評量工具。長期評估學

生在「學習重點」的「學習內容」與「學習表現」之成長與進步。

7. 核心素養的學校本位課程發展與課程統整設計

將過去的學校本位課程發展升級轉型成為「核心素養」導向的學校本位課程發展，並將過去的課程統整設計升級轉型成為「核心素養」導向的課程統整設計，更強調核心素養的課程統整設計及學習內容與學習表現，呼應以學習者為主體的課程改革。

綜合上述教育部推動的十二年國民基本教育課程綱要總綱的特色，基本上就是以強調「核心素養」的課程改革，與過去以往的中小學課程標準規定有顯著差異，以培養現代國民生活所需的「核心素養」為課程設計核心，提供學校及教師更多彈性教學自主空間，降低各年級上課時數，減輕學生負擔，減輕對教科書的依賴，結合課程、教學與評量，改進中小學課程的連貫性與統整性。

十二年國民基本教育課程綱要的改革重點，一方面統一國民教育階段學校課程目標，並重視當代生活所需「核心素養」；另一方面依據核心素養垂直連貫規劃各「領域／科目核心素養」，以統整「學習重點」的「學習內容」與「學習表現」，避免科目分立及知識支離破碎，而且特別強調重視「核心素養」的「部定課程」領域／科目，以及「校訂課程」的彈性學習課程，以培養學生核心素養並落實在真實的社會生活情境中；尤其是期能藉由「核心素養」的學校本位課程發展與課程統整設計，縮短理念建議的課程、正式規劃的課程、資源支持的課程、運作實施的課程、學習獲得的課程、評量考試的課程之間的差距，落實培養學生核心素養並充實學生學習經驗，促進個人發展與社會健全發展。

（二）校訂課程的發展

十二年國民基本教育課程綱要與九年一貫課程中雖均有彈性學習課

程的設計，但前者在課程架構上有較清楚的規劃。校訂課程有四類課程來引導學校規劃，鼓勵跨領域探究及自主學習，促進適性學習發展，活化領域學習。彈性學習課程／校訂課程在具體作爲上說明如下（教育部，2014）：

1. 發展「統整性主題／專題／議題探究課程」

學校可以跨領域／科目或結合各項議題，強化知能整合與生活運用能力。

2. 發展「社團活動與技藝課程」

透過「社團活動」可開設跨領域／科目相關的學習活動，讓學生依興趣及能力分組選修，與其他班級學生共同上課。

3. 發展「特殊需求領域課程」

專指依照特殊教育及特殊類型班級學生的學習需求所安排之課程。前者之特殊學習需求，經專業評估後，提供特殊需求領域課程；後者依專長發展所需，提供專長領域課程。

4. 發展「其他類課程」

學校可針對本土語文／新住民語文、服務學習、戶外教育、班際或校際交流、自治活動、班級輔導、學生自主學習等各式課程，以及領域補救教學課程，發展「其他類課程」。

總之，在發展校訂課程上，學校可因應生活環境、師資專長、社區資源、教育新興議題等，透過學校課程發展委員會的討論，發展規劃統整性主題／專題／議題探究、社團活動、服務學習、自主學習、補救教學等合宜的校訂課程方案，辦理全校性、全學年、班群或學生自由選修的學習活動，在課程規劃上給予學校更大的自主和彈性空間。

（三）校訂課程發展下的彈性學習節數實施方向

學校彈性學習節數的設置有促進學校本位課程與教師課程專業發展

之效，然實務運作上可能產生下列的疑慮或問題（周淑卿、李駱遜、楊俊鴻，2016）：(1)彈性學習節數初期授課內容廣泛，現今以領域學習為主要的部分；(2)彈性學習節數授課內容的決定權操之於學校和教師者甚少；(3)彈性學習節數的設置在教育部本身政策變動、教育行政機關要求增加課程、升學考試與學力檢測辦理等因素，都是影響學校和教師運用權主因；及(4)領域學習節數減少和教師既有的教學習慣，也造成了彈性學習節數被挪用至領域教學。

因此，作者認為，《總綱》中應明定彈性學習節數運用的決定權，讓學校和教師擁有課程規劃權，並且強化教師課程設計能力、課程領導人專業知能，以及建置課程交流資訊平台等。

面對彈性學習節數的實施問題，李駱遜、秦葆琦、王浩博（2013）建議：保留並於課程綱要中明確訂定使用規範。其次，應檢討各領域節數適切性，配合學生的身心發展、特殊教育需求，並了解學校與教師的實際需求，保留合宜的節數作為彈性學習之用。繼之，還應強化各級主管教育行政機關課程實施的監督機制，以確保彈性學習節數的落實。

四、素養導向之十二年國教課程下的校訂課程發展策略

本文歸納學校課程推動從「能力到素養」、「彈性學習節數到彈性學習課程／校訂課程」之學校行政的看法，以及對於素養導向的校訂課程，在「校訂課程發展」、「教師專業成長」及「課程發展機制」等三大面向之因應策略與困難解決，期能對十二年國教實施後之校訂課程有所助益。

（一）學校行政人員對從能力到素養轉變之因應策略

綜觀目前各校實施新課綱結果，發現從能力到素養，各校及專家都認為素養是能力的再進化與升級。「素養」（competence）是活用知

識、技能、態度與價值的能力，同時能反思學習歷程，這是為了投入世界並在世界中行動（楊俊鴻、張茵倩，2016）。具有上位的概念，是最貼切、也最符合目前十二年國教新課綱的詮釋，可培養態度、知識、情意與技能，使之融合與內化，促成學生學以致用，以符應社會需求。因此，素養＝知識＋情意＋態度＋技能，是學生能夠靈活運用的能力，表現在自我學習、解決問題、適應未來等行動中。學校行政人員必須充分讓所有教師理解內化，才能讓素養教學回歸教學專業。

（二）學校行政人員從彈性學習節數到彈性學習課程／校訂課程之策略

九年一貫課程推動時彈性節數並無實施校本課程，大部分用來發展英語、數學及資訊或是學校活動；不過學校行政人員對未來在實施十二國教課綱時，彈性學習課程（校訂課程），能否結合現有校本課程進行則充滿希望；而專家學者則強調彈性學習課程，應回歸學校自行規劃，讓學校課發會功能真正發揮，課發會的運作可以結合學校各領域會議和教師專業社群組織，教師經由不斷對話討論，結合彈性學習課程發展出具備各校特色的校訂課程。

（三）素養導向的校訂課程，在校訂課程發展之因應策略

大多數的國中小校長對於素養導向校訂課程的推動充滿信心，因為目前特色課程推動已涵蓋各領域，兼顧知識、技能、情意與態度。但是部分學校面臨教師流動率高，造成課程發展受制，這也是大部分中小型學校面臨的困境。因此學校可以進行區域性課程策略聯盟共備課程，作為未來推動校訂課程發展的方向，以母雞帶小雞的方式，成就共好願景。教師經由不斷的跨校交流和區域共備，理解到十二年國教新課綱之校訂課程必須充分連結到各領域課程的核心素養，才能真正落實學生學科基本能力的培養。

（四）素養導向的校訂課程，在教師專業成長之因應策略

對於素養導向校訂課程的教師專業成長，目前學校均能重視教師領域協同教學、師徒制方式的協同教學及鼓勵家長、社區志工共同參與。更有些國中小在進行全校課程規劃時，著重學校本位素養課程的研習，以教師教學需求作為週三研習或教師專業社群的考量，為新課綱校本特色課程推動積極準備。相信未來各校因應校訂課程運作時，應能讓老師們更能嫻熟操作。又因九年一貫課程推動時，所有學校教師參加教師專業發展評鑑方案，對於激發108新課綱校訂課程之教師專業能力，公開備課、觀課、議課的推動阻力應能大幅度的減少，教學團隊的概念和思維也都早已發酵。因此在十二年國教課程綱要中，在總綱上明定有關教師專業發展的方向，強調公開授課重要性，也因為這幾年教師在教學專業成長各校都給予教師明確的規劃和方向，讓教師們調整心態準備上手沒有恐懼感而得到認同。

（五）素養導向的校訂課程，在課程發展機制之因應策略

對於素養導向校訂課程發展機制建立在現有校本課程，並加強對未來十二年國教課程發展關注與宣傳，大部分國小課程發展機制，是具草根式的，是從下而上發展的，鼓勵教師發揮專長，行政人員全力支持教師。而少部分學校為減輕教師壓力及內心害怕，課程發展由行政人員主導，加入專長教師協助教學者，教師們會對於目前課程認為課發會和領域教學研究會的功能有限。因為課程領導者大多為校長或主任，一方面得不到基層教師認同，另一方面也容易因校長異動或主任異位而造成學校校本課程斷層。因此各級學校推動校訂課程時，應培育更多具有課程領導能力的各領域領頭羊教師，並讓教師依據興趣和專長加入領域研究團隊，發揮雁行理論的效應，讓所有教師投入課程改造。

五、結語

　　十二年國教新課綱上路，如何發展出以學生為中心，跨領域素養導向教學之統整性探究課程，是學校規劃與研發校訂課程最重要的工作之一。以期能發展出符合學校特色與落實素養導向教學之校訂課程，幫助學生邁向自主學習與適性發展之教育目標。確立校訂課程之學校主體性，賦予學校層級充分自主發展之機會；並可透過辦理校訂課程標竿參訪及輔導，提供更多學校普遍落實校訂課程發展之參考。

　　課程發展之永續性，是學校端重視的部分。原有之課程發展組織的健全性，在在影響課程發展的機制。若能透過教師專長、參與協作等積極作為，系統化呈現並保存各課程發展階段之文本與歷程，則更有助於校訂課程之永續發展。新課綱之校訂課程的規劃設計有很高的難度，如果領域內有部分老師不願意配合進行主題統整或其他課程規劃，是非常難以推動校訂課程和彈性課程所想要達成的目標。學校要達成課程發展的目標，就需要透過全體老師取得共識，更細緻的規劃學校的校訂課程和彈性學習節數的安排。

參考文獻

吳清山（2011）。課程轉化。**教育資料與研究雙月刊**，102，203-204。

李駱遜、秦葆琦、王浩博（2013）。十二年國民基本教育課程架構研訂原則。新北市：國家教育研究院。

周淑卿、李駱遜、楊俊鴻（2016）。十二年國民基本教育課程綱要在國民小學之課程**轉化**。論文發表於第九屆兩岸四地「學校改進與夥伴協作」學術研討會，香港中文大學。

洪詠善、范信賢主編（2015）。**同行——走進十二年國民基本教育課程綱要總綱**。新北市：國家教育研究院。

教育部（2013）。**全國法規資料庫**。臺北市：教育部。

教育部（2014）。**十二年國民基本教育課程綱要總綱**。臺北市：教育部。

國家教育研究院（2014a）。**十二年國民基本教育課程發展指引**。新北市：作者。

國家教育研究院（2014b）。**十二年國民基本教育課程發展建議書**。新北市：作者。

張茵倩、楊俊鴻（2015）。十二年國民基本教育課程綱要之課程轉化與實踐：以臺南市保東國小為例。載於國家教育研究院舉辦之「2015邁向十二年國教新課綱的第一哩路」學術研討會論文集，187-203。

楊俊鴻（2015）。**啟發動能——核心素養**。洪詠善、范信賢主編，同行—走進十二年國民基本教育課程綱要總綱。

楊俊鴻、張茵倩（2016）。**素養導向課程與教學的實踐：以臺南市保東國民小學全校性的公開課為例**。發表於2016邁向十二年國教新課綱：學生學習與學校本位課程發展研討會。

蔡清田（2011）。課程改革中的「素養」。**幼兒教保研究期刊**，7，2。

蔡清田（2018）。**核心素養的課程發展**。臺北市：五南。

蔡清田（2019）。**核心素養的學校本位課程發展**。臺北市：五南。

第三章

素養導向下永續教師對教育的初衷

張明麗

國立東華大學幼教系副教授

一、前言

宋・李覯《廣潛書》曾提及：「善之本在教，教之本在師。」這就在說明教師對培養國家未來棟樑的重要性。隨著與時俱增的資訊來臨，為厚植學生具有國際觀的視野，近年來，教育當局無不戮力在各教育層級，不但替學生規劃成為未來世界公民的課程，也同步開展精進教師專業成長活動的相關措施，而這一系列的全人教育政策，皆在形塑師生具有優質的素養。

二、培育全人教育的課程與計畫

環視各教育階層，在幼兒園階段，自2017年將2012年的《幼兒園教保活動課程暫行大綱》，正式改為《幼兒園教保活動課程大綱》。此外，自108學年度起，國民小學、國民中學及高級中等學校一年級開始實施《十二年國民基本教育課程綱要》（教育部，2012），教育部109年度的施政計畫（草案版），以「落實適性發展的十二年國教」前導學校，依教育階段擇定「基地學校」，並透過基地學校進行研究基地、培力實踐、實務鏈結、課程回饋等任務，落實《十二年國民基本教育課程綱要》核心素養及課程目標，並鼓勵辦理實驗教育（教育部，2019a）。且為因應區域特色發展需求，海洋教育於2017至2021年融入十二年國教各學習領域教科書，以強化海洋教育基本知能，發揚海洋民族優質特性（教育部，2017a）。而大學則於2018至2022年從大學校院弱勢學生學習輔導計畫（起飛計畫）、大學社會責任實踐計畫、全校型計畫、特色領域研究中心計畫，以推動五年高教深耕計畫，從而落實教學創新、提升高教公共化、發展學校特色和善盡社會責任為目標，以接軌國際及鏈結全球的概念等（教育部，2017b）。

另一方面，教育部（2013）以師培生、中小學教師為對象，制定以「美感即生活——從幼扎根、跨域創新、國際連結」的理念，自2019至2023年推動美感教育中長程計畫第二期五年計畫，以提升學生

美學素養、營造美學環境，並增進國民美學前瞻力。由此可知，就在各教育層級如火如荼地，縱向推展的新課程，與橫向導入其他議題或深化的領域中，無疑是實踐師生具有素養的最佳例證。

三、支持系統對教師專業發展的意義

教師如何實踐上述這些教育政策，並產生專業發展的各種火花？教師支持系統在此時即應運而生，教師支持系統即教師社群概念。教師藉由社群彼此的互動、分享與學習，發展共同的知識（陳延興，2019），而共同為社群的基本要件，成員的彼此分享形成共同感（萬家春，2016），這種共同感即生命共同體，它能達到共享、互學、反思（徐慧玲、許育健，2019）。教師社群，為當前教師專業發展的重要模式之一（吳俊憲，2010），同時也能提升教學品質（Hord，2009），目前出現社群的類似概念，包括教師實務社群（王為國，2007）、是類社群（萬家春，2016）、專業學習社群／教專社群等（教育部，2014）。

教育部自2006年推動的教師專業發展評鑑，於2017年轉型為教師專業發展系統，鼓勵教師參與教師專業學習社群，以精進教學品質與效能（徐慧玲、許育健，2019）。事實上，甫自2009年，教育部即開始鼓勵中小學教師組織是類社群，只是參與的人數有待提升（萬家春，2016）。以十二年國民基本教育課程綱要實施要點為例，即指出教師以自發方式組成校內或跨校分領域或分科的教學研究會、年級或年段會議，進行多元的共同備課、教學觀摩與回饋、課堂教學研究、公開分享與交流的教專社群，以提升學生學習成效為核心，進而提升專業發展（教育部，2014），同時，108學年度十二年國教新課綱正式實施後，規定校長及教師每學年，應在學校或社群整體規劃下，至少公開一次授課，並進行專業回饋。除了現職教師成立社群，對於初任教師的培力更不遺餘力，以108年中小學初任教師為例，在三天兩夜導入輔導暨知能研習中，即提倡以共學輔導機制，協助建立持續性支持系統，由中央安

排跨校共學輔導員，由8至12位初任教師圍一組，透過1位共學輔導員帶領，每學期召開兩次諮詢輔導會議（教育部，2019b）。由此可知，教師社群的成立與運作，已成為目前教育政策推動教師持續性支持的重要系統。

　　近年來，教師專業社群雖如雨後春筍般興起，但在實施與運作上遭遇困境，研究發現：教師社群在實施上，出現需排除其他事務、缺乏投入社群活動與誘因（鄧怡、蘇錦麗，2014）、忽略自身專業與學生學習的需求、尚未建立同儕教師的共學氛圍、擔任召集人的意願低、社群發展成效未能系統評估與追蹤等情形（周啓葶，2006；高博銓，2008；黃昭勳，2019）。有趣的是，成虹飛（2019）指出：由於中國人以高脈絡的溝通模式，總是有話不明說的特質，透過一些委婉的話語，傳遞旋外之音的意涵，因此，他建議教師需要以真誠的心，才能在社群中獲得真心的回饋。反之，教師若因為過度投入社群，反而造成身心健康問題，或產生工作與家庭間失衡，就如同Ilies和Huth與Ryan及Dimotakis（2015）所言：教師過多的工作量，增加工作與家庭的衝突，容易造成身心健康問題，以及產生不快樂的因子現象。

四、結語

　　從Dewey「教育是經驗不斷改造的過程」觀點，教師需要不斷挹注活水，才得以保有對教育的熱誠，與維持一定的教學品質，而教師藉由共同的經驗與平等的溝通參與社群，可達到專業的深度對話，然而在實踐的過程中，仍應確定參與社群的目的，在自願心態下，吸取他人教學所長，以開放的胸襟廣納他人的意見，並能透由內省覺察自身的教學可以改進之處。此外，在參與社群時因為需投入額外的心力，以進行自身熟悉或不熟悉的新型精進教學方案或輔導計畫時，更需注意身心健康，以及工作與家庭的平衡。教師若能克服參與社群可能產生的問題，相信透這種腦力激盪的互動團體，不但能保有對教育的初衷，也能永續教育的命脈，並在教育的路上，找到一群志同道合的前進夥伴。

參考文獻

一、中文部分

王為國（2017）。從實務社群談課程發展與教師專業發展。**課程研究**。2(2)，41-63。

成虹飛（2019）。教師專業社群發展需要新的溝通模式。**臺灣教育評論月刊**，8(3)，19-21。doi: 10.6791/TER

吳俊憲（2010）。**教師專業發展評鑑：三化取向理念與實務**。臺北市：五南。

周啟葶（2006）。以「學習社群」促進教師專業發展之分析。**中等教育**，57(5)，94-113。

徐慧玲、許育健（2019）。走過教師專業社群這條路——共享、共學與反思。**臺灣教育評論月刊**，8(3)，9-14。doi: 10.6791/TER

高博銓（2008）。學校學習社群的發展與挑戰。**中等教育**，59(4)，8-20。

教育部（2012）。**中小學國際教育白皮書**。2019年8月26日取自https://ws.moe.edu.tw/001/Upload/3/RelFile/6315/6923/100.04中小學國際教育白皮書.pdf

教育部（2013）。**中華民國師資培育白皮書——發揚師道、百年樹人**。2019年8月26日取自https://ws.moe.edu.tw/001/Upload/3/RelFile/6315/6921/中華民國師資培育白皮書.pdf

教育部（2014）。**十二年國民基本教育課程綱要——總綱**。臺北市：教育部。

教育部（2017a）。**海洋教育政策白皮書**。2019年10月6日取自https://ws.moe.edu.tw/001/Upload/3/relfile/6315/55805/40f900df-a70b-4e1f-847f-e53ed94b4c77.pdf

教育部（2017b）。**高等教育深耕計畫**。2019年10月6日取自https://www.edu.tw/News_Plan_Content.aspx?n=D33B55D537402BAA&sms=954974C68391B710&s=333F49BA4480CC5B

教育部（2019a）。**109年度施政計畫（草案版）**。2019年8月26日取自https://depart.moe.edu.tw/ED2100/News.aspx?n=B32992AF2BCEC98B&sms=8E6F0C08E17D8910

教育部（2019b）。**108年中小學初入教師導入輔導知能研習實施計畫**。彰化市：彰化師範大學。2019年10月13日取自http://www.jnps.tp.edu.tw/news/files/2019-5/%E3%80%8C108%E5%B9%B4%E4%B8%AD%E5%B0%8F%E5%AD%B8%E5%88%9D

%E4%BB%BB%E6%95%99%E5%B8%AB%E5%B0%8E%E5%85%A5%E8%BC%
94%E5%B0%8E%E6%9A%A8%E7%9F%A5%E8%83%BD%E7%A0%94%E7%BF
%92%E5%AF%A6%E6%96%BD%E8%A8%88%E7%95%AB%E3%80%8D.pdf

陳延興（2019）。大手牽小手——教師專業社群的陪伴與支持。**臺灣教育評論月刊**，
　　8(3)，41-46。doi: 10.6791/TER

黃昭勳（2019）。教師專業社群有效推動之我見。**臺灣教育評鑑月刊**，8(3)，74-78。
　　doi: 10.6791/TER

萬家春（2016）。借鏡Dewey的學習社群理想，推動教師專業學習社群。**國教新知**，
　　63(3)，11-23。doi: 10.6701/TEEJ.201609_63(3).0002

鄧怡、蘇錦麗（2014）。大學教師專業社群實施現況之研究——以M大學爲例。**高教
評鑑與發展**，8(1)，175-206。doi: 10.3966/231225522014080801006

二、英文部分

Hord, S. M. (2009). Professional learning communities. *National Staff Development Council, 30*(1), 40-43. http://www.ecap-videos.ca/ecap/resources/Hord2009.pdf

Ilies, R., Huth, M., Ryan, A. M., & Dimotakis, N. (2015). Explaining the links between workload, distress, and work-family conflict among school employees: Physical, cognitive, and emotional fatigue. *Journal of Educational Psychology, 107*(4), 1136-1149. doi: 10.1037/edu0000029

第 四 章

自主學習：邁向素養導向與終身學習的實踐歷程

羅寶鳳

國立東華大學教育與潛能開發學系暨師資培育中心教授

一、前言

108新課綱從108學年開始實施，教育部在103年11月28日頒布十二年國民教育課程綱要總綱之後，104年就開始推動國中小及高級中等學校「前導學校」計畫，試行108課綱的校訂課程及多元選修，試行結果作為各主管機關修訂相關配套措施之參考，並推廣成功經驗至其他學校，希望帶動教育基層逐步的改變，為108年新課綱做最好的準備。

各項教師研習的重點，大多落在何謂三面九項？何謂核心素養？及素養導向的教學與評量如何實施等議題，參加過的教師對於這些議題應該都耳熟能詳。但新課綱的最終教育目標是「終身學習」，可以稱為核心中的核心，卻很少被探究與討論。是否學生學會三面九項就可以稱為達到「終身學習」的總體教育目標？其實不然。這中間似乎有一些落差，而「自主學習」則是補足其落差的重要關鍵。換言之，「自主學習」能力是落實「終身學習」教育總目標的重要因素。如果學生不能學會「自主學習」，又如何能夠在離開學校教育後，進行「終身學習」呢？

新課綱已經上路，自主學習是彈性學習課程中一項重要的課程，各階段的學校教師對於「為什麼要自主學習？」、「何謂自主學習？」「自主學習要學什麼？」、「自主學習要如何學？」、「自主學習會碰到什麼困難與挑戰？」這些重要的議題，都是學校教師在推動新課綱時，需要理解與實踐的，但是相關的文獻與研究都相對缺乏，導致各個學校有可能採用「瞎子摸象」或「依樣畫葫蘆」的策略，來進行規劃校訂課程中的「自主學習的課程」，這樣的方式有可能達到真正培養學生「自主學習」或「終身學習」的目標嗎？筆者希望寫一篇淺顯易懂的短文，來協助學校教師理解如何協助學生自主學習，培養學生終身學習的能力。以下將從為什麼要自主學習、何謂自主學習、如何學習自主學習、自主學習如何評量，以及自主學習的挑戰及因應策略等五個面向來系統性探討分析。

二、爲什麼要自主學習？

　　讓學校教師理解爲什麼要上自主學習課程非常重要，以下將從三面向來討論這個問題。

（一）新課綱的具體實踐

　　爲什麼要教學生「自主學習」，這個問題要回到108新課綱的教育總目標是「終身學習」，爲什麼學生需要終身學習？因爲外面大環境變化快速，學生在學校所學習的，可能已經趕不上外面世界的變化，因此，學生在學校教育之後，仍須持續學習，才能跟上時代的變化，也才能生存下去。正規學校教育之後，學生若要持續學習，是需要自主學習的能力和意願，才能眞正地實踐終身學習。

（二）教學現場的眞實問題

　　目前的學校教育現場的問題很多，其中令大多數教師困擾的問題是學生「學習動機的低落」與「被動學習」。若觀察幼兒園的學生，大多數的孩子都具備學習的動機與意願，到小學階段也還好，爲什麼到了國中卻愈來愈不想學習呢？分析背後的因素，第一，學習的內容可能不是他們感興趣的主題，而且愈來愈難；第二，學習的方法可能是透過不斷地講述、重複練習、記憶背誦，加上考試評量等方式，不擅長這一套遊戲規則或跟不上的學生，得到的挫折感比成就感多，學生自然而然會不想學習或放棄學習。自主學習將學習的權力還給學生，有可能提升學生的學習動機。

（三）國際學生評量結果的警訊

　　要了解我們的學生學習的眞實狀況，可以參考國際學生評量計畫

（PISA）的結果，因爲它提供各國一個穩定的參考點，藉以了解教育問題與現況，也提供教育系統改革的方向與重要的參考指標，給予下個世代新的方向與多重思維，有助於學生將「在學經驗」與教育末端「所習得的技能」做一個更好的連結，以厚植學子們未來在社會職場上的競爭力（臺灣2015PISA國家研究中心，2016）。PISA的每一次結果報告，均能爲參與國提供寶貴的訊息，進行教育研究者，應該善用這些寶貴的研究資料，提出可以改善真正教育問題的研究計畫，才能真正有助於改善教育的問題。

2012年的結果中在數學表現上，臺灣的學生雖然高表現，但在解決問題的開放性、自我責任感、工具性動機、自我概念等方面卻都偏低，內在動機與自我效能也只在各國平均左右（OECD, 2013）。換言之，學生雖然數學表現還不錯，但動機與自我效能方面是不足的。這些問題都要回到教育現場及教室課堂中來省思，事實上，老師的教學方式與學生的學習方法，都有改善的空間。

如果我們可以解開學習上的種種束縛，讓學生尋找自己有興趣的主題，透過教師的引導，運用多元的學習方法，去探究問題，思考解決問題的方法，嘗試去解決問題，是否有可能培養學生「自主學習」的意願和能力呢？自主學習課程是否有可能是找回學生學習動機、培養學習能力的契機呢？

三、何謂自主學習？

「自主學習」簡單明確的定義就是學生能夠「自發性的主動學習」，不僅具備學習動機（自主），且具備學習能力（學習）。在「自主學習」的概念背後，有一些相關的學習理論支撐，包括自我導向學習（self-directed learning）、自我調節學習（self-regulated learning）與自主學習（autonomous learning）等。每一套學習理論都有很好的觀點，值得想要推動自主學習的教育工作者花時間去理解與學習，本文將把重點放在實務的推動及過程中可能的問題。

綜言之，自主學習包含了兩個概念：「自主」與「學習」。「自主」方面，引導學生如何自主，如學習動機的提升、了解爲什麼要學習等，都是可以安排的學習主題。「學習」方面，就是大家所熟知的「學習如何學習」，如學習的方法、學習的策略、學習的工具等，都是重要的學習內涵。

四、如何學習「自主學習」？

學習有兩個重要的面向，包括學習的內容與學習的方法。在知識不斷擴增及資訊爆炸的二十一世紀，學習的內容可能永遠學不完，因此學習的方法已經比學習的內容更爲重要，學到如何學習的方法與能力，學生可以自己決定想要學習的內容，且持續不斷的學習。

（一）自主學習的內容

自主學習要學些什麼？新課綱的核心素養就是值得學習的內容，要適應未來需具備的一些關鍵能力，新課綱中稱爲「核心素養」（core competencies），是融合了知識、技能與態度／價值，並能夠化爲行動，有助於適應未來環境的變化。另外，我們可以參考OECD（2018, p.4）規劃的「2030年教育之學習架構」（Education 2030 Learning Framework），這是OECD爲2018年進入學校受教育的學生，擬出未來他們在2030年時所需具備的知識、技能、態度、價值與價值。

爲了營造2030年的幸福社會，未來年輕人需要具備能轉化的素養（transformative competencies），最終能創造價值、承擔責任、調適壓力與困境。學生需要學習的內容，包括：(1)知識：學科知識、跨學科知識、認識論知識、程序性知識；(2)技能：認知與後設認知的能力、社會的與情緒的能力、身體的與實務的能力；(3)態度與價值：個人的、在地的、社會的、全球的（OECD, 2018）。學習應包括素養的養成，並透過行動來加以實踐，要達到這個理想，學生能自主學習是非常重要的關鍵。

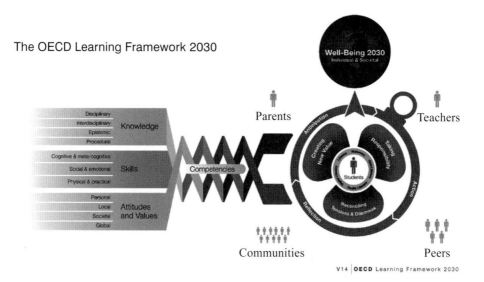

The OECD Learning Framework 2030

圖1 OECD 2030學習架構：持續發展中

資料來源：OECD (2018). *The future of education and skills: Education 2030*. Paris: OECD, p.4.

（二）自主學習的方法

　　教師在上「自主學習」課程時，可以如何引導呢？依據103年公布的課程總綱，第柒實施要點第二項教學模式與策略中的第7點，明訂「為增進學生學習成效，具備自主學習和終身學習能力，教師應引導學生學習如何學習，包括動機策略、一般性學習策略、領域／群科／學程／科目特定的學習策略、思考策略，以及後設認知策略等」（教育部，2014）。根據總綱的內涵，要引導學生自主學習可以從提升動機的策略、一般性或特定學科的學習策略、思考策略及後設認知策略等方向著手。

　　國內專家學者與實務工作者共同討論「自主學習的引導策略之概念」一文（張民杰等，2019），整理出許多可以參考的方向。在動機策略方面，包括讓學生了解動機的內涵、要素，介紹ARCS模式等，以引發學生的學習動機。在一般性學習策略方面，可以教學生閱讀理解策

略、SQ4R法、如何做筆記或使用心智圖等方式。特定學科的學習策略則可以邀請各科授課老師分享自己學習的經驗。在思考策略方面，可以教導學生分組合作討論、系統思考與解決問題的策略等。在後設認知策略方面，可以讓學生了解什麼是後設認知，如何透過體驗與經驗，事後跳出來反思過程與結果的成效與影響因素等方式。自主學習課程是非常好訓練學生後設認知的一個機會，過程中與結束前，都可以引導學生進行反思，書寫省思心得。

五、自主學習的評量

首先，評量的向度應該符合素養導向的內涵，包括知識、技能與價值態度三個層面，交織成素養的培育，最後化成行動實踐出來。教師可以用這三個層面設計評量的規準，以總分100分為例，知識的學習、能力的培養及價值或態度的養成，各占多少比例。

其次，採用多元評量的方式。自主學習比較偏向「實踐課程」，因此，可以參考實作評量與情意評量的方式。能力的培養則需透過實作評量達成。至於態度與價值觀，也可以透過情意評量，如回饋表、同儕互評、面談等方式。教師可以考慮讓學生「自評」，非常適合用在「自主學習」的課程中，給予學生自我監控的機會，培養為自己學習負責的能力。

此外，筆者要特別增加說明「檔案評量」，雖然檔案評量有許多缺失，如花費時間、經費等，但其優點是可以兼重過程與結果，呈現學生比較完整的學習過程，加強反思學習。110年升大學的申請正規劃可能50%的分數放在學生學習歷程檔案，因此現場的老師與學生應共同學習如何進行檔案的教學與評量。

最後，雖然很多學校都將「自主學習」設定為必修但0學分的課程，老師們可能覺得不用打成績。不用打成績，並不代表不用評量。沒有評量，學生如何知道自己學到了什麼？是否達到學習目標？沒有評量，老師如何知道是否達到教學的目標？改進下次教學的依據？因

此，建議老師們還是要有評量，可以參考評量尺規（rubrics）的作法，將評量的向度與標準列出來，跟學生一起討論，並決定各項度的配分。然後依據這些標準，來引導學生的學習動機、學習過程與學習成效的評量。表現優異的學生，老師應該給予分數之外的各種鼓勵。雖然學習本身就是酬償，但對於學習動機還在培養的學生，內在與外在的學習獎勵，如獎品、獎狀與公開表揚等，都可以讓認真投入學習的學生得到更大的肯定與鼓勵，離開學校後，仍然可以帶著成功的學習經驗，持續為自己學習的終身學習。

六、自主學習的挑戰及因應策略

（一）學生方面

對學生的挑戰有兩方面，包括學習心態與學習方法。首先，學生長期面臨考試的壓力，對於學習可能抱持著被動與抗拒的心態，要如何突破學生對於學習的舊有經驗與觀念，要看老師如何引導。學生抗拒的可能是「讀書」和「考試」，如果「學習」可以帶來跟讀書與考試不同的經驗，學生也許可以享受學習中的樂趣，也可能樂於學習。

其次，學生長期使用記憶、背誦、理解的方式來面對考試，學校中很少有機會教導學生學習的方法與策略，所以學生可能會不知道如何自主學習，沒有足夠的知能來面對學習，因此，老師可以先從學習的方法與策略著手，讓學生學到學習的各種方式，配合學生的學習風格，讓學生找到適合自己的學習方法，或許學生就不會那麼抗拒學習，甚至能享受學習。

（二）老師方面

對老師的挑戰也有兩方面，一是老師的心態，二是老師的能力。首先，老師的心態很重要，如果老師不了解為什麼要上「自主學習」課程，不了解自主學習的真正意涵，就不容易有成效。其次，老師對「學習如何學習」這個主題，可能不熟悉，也不知道要如何教學生。因此，老師可能要先自主學習，然後再來教導與引導學生。

（三）學校方面

「自主學習」是一門新課程，課程如何規劃與設計，學校方面可以提供相關的配套措施，例如：除了設定自主學習的實施辦法，可以跟老師們討論如何規劃課程、如何擬定自主學習計畫、課程過程中可以做些什麼，以及最後的學習成果可以如何呈現等。必要時，能夠申請計畫，運用外部資源，辦理教師的學習活動，引進合適的師資，來協助教師如何面對自主學習課程的挑戰。

（四）心智模式的改變

所有事情最大的敵人，可能是自己的心智模式。推展新的課程，一定會碰到困難或挫折。然而，困難與挫折正是學習的起點。從做中學的意涵，就是從實踐的過程，發現真實的問題，思考解決的方法，並從實踐的經驗中，省思成功與失敗的因素。這就是學習的過程，也是學習的真諦，老師應該可以跟學生一起來實踐自主學習。

七、結語：怎麼學，才有未來？

要培養自主學習能力或許不容易，但這是值得努力的教育方向，教育工作者應放開對學習內容和知識的執著，更多一些時間與精力放在引導學生學習如何學習，透過自主學習，培養能夠因應外界變化而不斷學習的能力。已故的未來學大師A. Toffler曾說：「二十一世紀的文盲，不是那些不懂書寫的人，而是不懂如何學習、拋棄所學及重新學習的人。」我們希望學生可以在二十一世紀生存下來，甚至可以成功地生存，關鍵的能力就是「學習力」，我們應該在學校教育中教導學生適應未來的學習能力，老師們也應該一起來學習，示範「自主學習」與「終身學習」的典範，讓學生跟著我們向前邁進。

參考文獻

一、中文部分

張民杰等（2019）。「自主學習的引導策略」之概念。引自http://203.64.159.95/12basi
　　c/12basic_adv/mag/pub_file/20190121_395e2.pdf

教育部（2014）。十二年國民基本教育課程綱要總綱。臺北市：教育部。

臺灣2015PISA國家研究中心（2016）。**PISA簡介**。取自http://pisa2015.nctu.edu.tw/
　　pisa/index.php/tw/homepage/interduction

二、英文部分

OECD (2013). *PISA 2012 Results: Excellence Through Equity: Giving Every Stu-
　　dent the Chance to Succeed* (Volume II), PISA, OECD Publishing. http://dx.doi.
　　org/10.1787/9789264201132-en

OECD (2018). *The future of education and skills: Education 2030*. Paris: OECD Publishing.
　　https://www.oecd.org/education/2030/E2030%20Position%20Paper%20(05.04.2018).
　　pdf

第五章

二十一世紀學生動作技能的學習

鄭友超

國立彰化師範大學工業教育與技術學系兼任教授

一、前言

　　隨著科技快速的發展，目前的工作世界正在發生急劇的改變。這個現象讓我們亦喜亦憂，例如：自動化、人工智慧（AI）、機器人，將世界經濟向前推進，同時卻又取代人力，增加失業機會。其中，機器人正跨越我們所認知的靈巧度及學習能力的限制，使它們的工作能力更接近人類。美國全國經濟研究局的報告指出，每增加一臺機器人將減少聘僱千分之3-5.6個工人，並增加0.25-0.5%的工資。麥肯錫全球研究所（McKinsey Global Institute）估計至2030年，30%的工作及60%的行業將自動化。自動化及其他科技的進展無疑將衝擊未來的各行各業，自動化讓某些行業過時消失，並被其他新興行業所取代，機器人將取代目前人類部分的工作。從藍領階級到白領階級，從製造工人到學校教師，從司機駕駛到金融人員，都將受到科技的衝擊。未來各行各業將需要工作再訓練及再分配（Hill, Fadel, & Bialik, 2018）。

　　為符應上述科技及社會的進展，經濟合作暨發展組織（Organization for Economic Co-operation and Development, OECD）極力主張，未來2030年，學生為適應現在生活及面對未來挑戰，應具備足夠的知識、能力與態度，此即所謂的「核心素養」。為何我們著眼於2030年？因為2018年入學的學生，接受十二年國教後，將於2030年畢業。OECD最近所進行的研究計畫「未來的教育和技能：2030年教育」（The Future of Education and Skills: Education 2030），其主要目的乃在在協助世界各國，尤其是開發中國家，探索及回答兩個影響深遠的問題（OECD, 2018）：

　　・到2030年，當今的學生將需要哪些知識、技能、態度和價值觀，來繁榮和塑造自己的世界？

　　・教學系統如何有效地發展這種知識、技能、態度和價值觀？

　　在過去不斷教育改革的浪潮中，十二年國教新課綱被喻為臺灣史上最大的課程教育改革，是第一次有機會統整從國小、國中到高中教育的十二年一貫新課程。十二年國教新課綱主要訴求以知識為區隔，從能力

導向變成以素養為導向，用領域學習取代單獨學科規劃，以期提升學生自主學習力。要從背不動的書包變成帶得走的能力，培養符合時代所需的人才。其中，「核心素養」是指一個人為適應現在生活及面對未來挑戰，所應具備的知識、能力、態度（教育部，2018）。

　　長久以來，我們把學習領域分成認知領域（cognitive domain）（Bloom, 1956; Anderson & Krathwohl, 2001）、情意領域（affective domain）（Krathwohl, 1964）、技能領域（psychomotor domain）（Dave, 1970, 1975; Simpson, 1972; Harrow, 1972）三大學習領域，這也是過去學生學習的三大重點。本文乃針對技能領域，也就是接近核心素養中的「能力」部分，探討二十一世紀學生如何進行動作技能的學習。

二、動作技能教育目標

　　一個清楚而明確的教育目標，在動作技能的學習過程中，是非常重要的，它扮演著學習方向指引的角色。同時，技能領域的教育及教學目標，更提供了各專業課程發展、教材教法、教學評量的重要依據，影響至為深遠。

　　國內方面，李堅萍（2001）在其Simpson、Harrow與Goldberger技能領域教育目標分類之比較研究中，針對國外動作技能領域（psycho-motor domain）相關研究，利用比較教育研究法比較分析後，研究發現，Simpson（1972）分類理論之特點為：(1)從技職教育角度建構；(2)由認知心理學發展，生理學基礎有缺漏；(3)強調垂直階層分類；(4)特重機具操作技能闡釋，欠缺感官知覺技能解釋；(5)影響編序教育理論發展；(6)促成能力本位教育成形。Harrow（1972）分類理論之特點為：(1)從體育教育角度建構；(2)由運動生理學闡釋；(3)水平類別與垂直階層詳盡分類；(4)偏重肢體運動技能闡釋；(5)影響編序教育理論發展。Goldberger分類理論之特點為：(1)從體育教育角度建構；(2)由發展行為學與認知心理學發展；(3)垂直階層分類；(4)偏重肢體運動技能

闡釋。因而認爲Simpson（1972）分類理論最符合認知心理知能在心理動作學習之重要性的論點，且分類階層單向明確，最適用於技能評等需求，但一概以認知心理學闡釋所有技能的學習不無可議之處，且難以解釋感官知覺高度發揮功能的行職業。Harrow（1972）分類理論之低階層心理動作闡釋最符合生理醫學論點，水平類別分類最符合技能具有不同本質的形式，但過度簡化認知心理能力在高階層心理動作學習中的複雜度，以致高階層心理動作領域教育目標難以適用。Goldberger（1980）分類理論則具「學習者中心」與「情境因素」的創新概念，最符合「不遺漏、兩兩互斥」的分類原則，但僅適用於不嚴格需求詳盡垂直層級分類的技能評等。

　　因此，李堅萍（2001）建議，我國技職教育應以Simpson（1972）分類理論，作爲動作技能領域教育目標的主要參考架構，並作下列調整：(1)「知覺」階層增列「動覺」與「平衡覺」的闡釋；(2)最低階層心理動作領域教育目標以「天賦反射動作」、「制約反射動作」與「探索形式反射動作」分類；(3)「機械化」層級應水平區分「感官知覺技能」、「肢體運動技能」與「機具操控技能」，以涵蓋所有形式技能；(4)修正一概以認知學習理論闡釋所有技能的學習歷程——尤其是「機械化」階層。

　　反觀國外，美國課程重新設計中心（Center for Curriculum Redesign, CCR）在Hill、Fadel與Bialik（2018）所進行之技能領域相關研究中，針對動作技能教育目標分類，提出如表1所示之主要動作技能教育目標分類之整合架構。他們試圖將Dave（1975）、Simpson（1972）與 Harrow（1972）等人所發展的不同動作技能教育目標分類進行整合，提出CCR意識能力模式（Conscious Competence Model），如下文所示，讓原本分歧的動作技能教育目標分類有了進一步的統整參考架構，可作爲國內動作技能教學目標的參考基礎。

表1　動作技能教育目標分類之統整參考架構

Dave（1975）		
分類	描述	CCR意識能力模式
自然化	精通／第二本能	無意識有能力
聯結	協調＋一系列和諧的適應	後設動作
精確	更精細／精確	測量
操作	依據記憶或在指導下實施	嘗試錯誤：無意識無能力
模仿	觀察＋多變品質的複製	有意識無能力或有意識有能力
Simpson（1972）		
分類	描述	CCR意識能力模式
原創	對特定情境創造新的技能模式	後設動作
適應	高度發展：能根據特殊要求修正動作	
複合明顯反應	熟練的、複雜的協調動作	
機械化	習慣、信心、基本熟練	有意識有能力
引導下反應	模仿、練習、嘗試錯誤	有意識無能力
準備	準備行動——心理、生理、情緒	先決條件
知覺	利用感官線索引導動作活動	先決條件及持續的回饋機制
Harrow（1972）		
分類	描述	CCR意識能力模式
有效的溝通	有效的身體語言，例如：姿勢及面部表情	動作技能的特定子集合
熟練的動作	包括適應及整合之高級動作	後設動作
身體活動	耐力、強健	測量
知覺	對刺激產生反應	先決條件及持續的回饋機制
基本動作	簡單動作（如：走路）	無意識有能力（簡單任務或工作）
放鬆動作	自動／非習得／不自覺的	無

三、動作技能的學習發展

在動作技能學習發展方面，Cannon等人（2014）所提出之意識能力模式（Conscious Competence Model），如圖1所示，是一項動作技能概念化學習模式。其中涵蓋兩個重要的因素：意識覺知（conscious awareness）及能力程度（degree of competence）。在第一階段，無意識無能力（unconscious incompetence）階段，學習者無法將學習目標概念化，所以他們無法適當地利用回饋機制來進行動作技能的學習。就如同一個人如果不知道平衡是一種什麼樣的感覺，那他們就無法學習獲得平衡的動作技能。在第二階段，有意識無能力（conscious incompetence）階段，學習者一旦知道了動作技能的學習目標，他們就會了解他們自己能力的不足。在第三階段，有意識有能力（conscious competence）階段，學習者經過適當的練習，他們就變得有能力（以下將列出幾種測量能力所使用的標準），但他們尚需對所進行的動作技能的學習取得意識上的注意，思考動作技能如何來進行。在第四階段，無意識有能力（unconscious competence）階段，透過嘗試錯誤、反覆不斷正確的練習，學習者就會變得無意識有能力的。亦即，這個能力是無意識

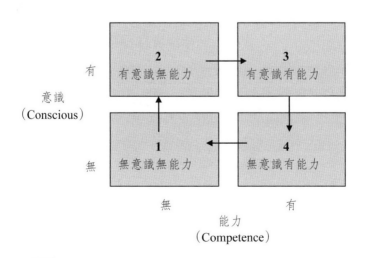

圖1　意識能力模式（Conscious Competence Model）

性的，不需思考動作技能如何來進行。這個無意識性有能力的狀態，又成為下一個階段（無意識無能力）學習另外一項新動作技能的一部分及基礎。學習者經由上述四個階段的循環學習歷程，來進行各項動作技能的學習，前後加以融合，獲得工作或任務所需足夠的能力。

四、動作技能的回饋機制：知覺、本體感受

典型的早期動作技能研究（Cooper, 1976; Osborne, 1986）發現，知覺（perception）及本體感受（proprioception）是動作技能各學習階段的先前階段。然而，最近的研究（Aman, J. E., Elangovan, N., Yeh, I., & Konczak, J., 2015）發現知覺及本體感受，實際是動作技能學習的回饋迴路（feedback loop），而非先前所認為的動作技能學習階段。知覺（perception）是經由五種感官（視覺、聽覺、味覺、嗅覺及觸覺）來察覺。本體感受（proprioception）乃是指個人了解自己所處空間的自我身體感受。為了發展動作技能，個人需要具備接受、解釋及最終對知覺及本體感受輸入的能力，創造一個能促進動作技能精熟的回饋迴路。在此情況下，知覺及本體感受就不是動作技能發展的特定步驟或階段，它們是連續不斷的回饋機制，這對於精熟動作技能及提升已學得的技能對新情境或新領域的學習遷移是絕對必要的，它們創造了讓嘗試錯誤、精熟學習發生的必要條件，這樣才能讓個人可以從無意識無能力階段前進到無意識有能力階段。在動作技能學習發展階段，知覺及本體感受是動作技能協調的關鍵因素，同時，有意識的察覺（conscious awareness）逐漸退去，無意識有能力狀態將逐漸接管，扮演重要性的角色。

五、動作技能的後設動作能力：協調、適應、後設動作發展

知覺及本體感受是回饋機制，而協調及適應則是後設動作能力（meta-motor abilities），因為它們能應用於技能學習發展不同的階

段。同時，就如同知覺及本體感受一樣，協調（coordination）及適應（adaption）並非動作技能的學習階段，它是人類進行學習遷移（learning transfer）的先決及必要條件，可以運用到各行各業或工作任務所需的動作技能。

（一）協調（coordination）

結合不同的動作技能可發生於同一時間內（如一邊跑步，一邊運球）或發生於不同時間內（如汽車引擎按前後順序不同時間之組裝）。組裝、打字、頭髮造型及簡單之工作如縫鈕扣或縫衣服拉鍊，皆需某種程度之協調動作。具備協調動作之能力，可以讓我們創造出為完成某種動作目的之動作模式。這在動作技能的學習，例如：學習開車、學習怪手操作，是至關重要的。就如同前面所述之知覺及本體感受在提供回饋上是至關重要的。

最近AI雖已受到大家的重視及取得技術的進展，但在自動化及機器人動作及操作方面，協調（尤其是手眼間的協調）無疑是一件特別困難的事，而這點對機器人的未來的發展是至關重要的。知覺及操作在發展上是個瓶頸，特別是手指的精細協調能力，相對於機器人而言，人類是比較占優勢的。例如：我們要安裝屋頂太陽能板時，工人邊爬樓梯邊把太陽能板放在身上往上爬，這個協調動作，對自動化及機器人而言是相當困難的。這些「非固定程序」（non-routine）的工作，就無法依靠電腦非常精確的固定工作程序指示，來完成工作目的，而是需要依靠更強大的動作協調能力及適應能力才行。類似這種需要人工操作的工作或任務，在短期內是不容易被自動化及機器人所取代的。

（二）適應（adaption）

動作技能如同認知能力，需要對不同的情境進行學習遷移。在某特定情境下所學得的技能，必須能對不同的情境進行近遷移（near trans-

表2 情境因素與近遷移及遠遷移

情境因素	近遷移	遠遷移
境境	在實驗室建立電路 → 在梯子上建立電路	在實驗室建立電路 → 在雨中梯子上建立電路
標準	拿起箱子1次 → 拿起箱子5次	拿起箱子1次 → 拿起箱子50次
媒介	在電腦上打字 → 在平板電腦上打字	彈奏鋼琴 → 吹奏笛子

→ 學習遷移

fer）（情境相似度高）或遠遷移（far transfer）（情境相似度低）。學習遷移不是單向度的，它會涉及學習遷移情境的多個因素，諸如：環境、標準、媒介。如表2顯示，在環境、標準、媒介等情境因素下，進行近遷移及遠遷移。這些因素並非情境因素的全部，它們之間亦非相互獨立的。當我們考慮到動作技能學習遷移之困難度時，要同時考慮到有哪幾個因素會影響學習遷移（廣度考慮）及各個因素之影響程度（深度考慮）。通常，近遷移困難度較低，遠遷移困難度較高。

在自動化及機器人之情境裡面，創造機器人之知覺／本體感受之迴路是格外困難也至關重要，這又牽扯出固定程序（routine）工作對非固定程序（non-routine）工作的問題。固定程序之工作容易經由適當的程式設定加以解決，但對於情境因素的改變並沒有考慮進去。感知器之訊號（訊息）輸入對於學習遷移是至關重要的，它們可以根據不同情境的特殊需求做出相對應的調整。下列的情境就是一個例子，平常我們在家裡寬敞舒適的空間換裝電燈泡，是一件容易的事。但是，如果需要在狹窄、陰暗，曲彎又有斜度的坑道裡面換裝電燈泡，那又是另一回事了。為了完成「非固定程序」的工作或任務，進行學習遷移是必要的。當我們改變任一情境因素時，就需要適應（遷移）去符應新環境上的特殊需求。

在科技不斷進步，工作世界不斷改變的情境中，如何進行遠遷移就顯得格外重要。把動作技能進行遠遷移去完成新的工作或任務的能

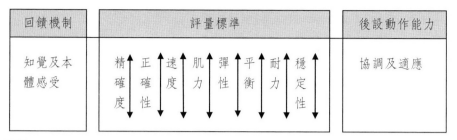

回饋機制	評量標準							後設動作能力
知覺及本體感受	精確度	正確性	速度	肌力	彈性	平衡	耐力	穩定性	協調及適應

圖2　課程重新設計中心（Center for Curriculum Redesign, CCR）動作技能架構

力，是動作技能學習的最終目的。如何把傳統手動心臟手術，改變成由機器人來進行心臟手術，就是其中一個例子。

（三）後設動作發展（meta-motor development）

如圖2所示，相似於動作技能（motor skills）的學習，後設動作能（meta-motor abilities）亦可經由學習的過程而取得發展。個人剛開始可能對於多項技能的學習能力不足，而且無意識、無概念，但在技能學習過程中，藉由回饋機制（知覺及本體感受）的作用，經過嘗試錯誤及正確練習之後，逐漸變得有意識、有能力，最後變得無意識、有能力。同樣，後設動作能力所包含的協調（coordination）及適應（adaption）能力，亦可經由下文所描述的各項評量標準（如：精確度、正確性、速度等）加以評量。基本而言，動作技能及後設動作能力在技能學習過程上是相同的，兩者最關鍵的差別在於，後設動作能力係將多項動作技能進一步的再加以整合，以便應付各種情境下工作或任務之特殊需求。

一個典型的複雜性動作技能的學習，可將複雜的動作技能分解成較小而簡單的動作技能，將這些小的動作技能發展成有意識、有能力的狀態，然後將這些小的動作技能加以結合（組合），發展成協調性（coordinated）的動作技能，再將它們加以組合，達到無意識、有能力的境界。

六、動作技能的評量

　　為了對動作技能的學習表現進行評量，需要跳脫過去傳統兩分法（例如：低精確度、高精確度）的方式，來進行更為精確而客觀的評量。如表3所示，動作技能表現的評量，通常包括客觀性的評量標準，諸如：精確度、正確性、速度及身體能力方面的評量標準，諸如：肌力、彈性、平衡、耐力、穩定性。這些評量標準通常不依二分法來進行評量，而是以連續性（從低精確度連續到高精確度）的方式來進行評量，可以更為精確而客觀地反應出個人在工作表現上的動作技能水準，亦可以反應出各工作性質所要求的不同動作技能標準。例如：車削螺紋在精確度方面的要求較高，而移動箱子在精確度方面的要求較低。

表3　評量標準及意涵

評量標準	意　涵
精確度	正確程度
正確性	達成預定結果
速度	達成目標所需時間
肌力	移動物體力量或為完成任務所展現之體力
彈性	運動範圍
平衡	維持穩定（靜態及動態）
耐力	保持體力
穩定性	參數（變數）不隨時間改變

七、學習領域的聯結

　　雖然動作技能領域過去經常被認知及情意領域分開來加以討論，但最近相關研究（Van der Fels et al., 2015; Abdelkarim et al., 2017）指

出，人類之所以語言發展遲緩乃是因為動作技能的學習沒有與認知發展取得聯結，同時，動作技能的學習乃是認知發展的先決條件，因它能促進認知能力的發展。因此，在進行動作技能的學習發展過程中，必須同時去刺激人類高級認知能力的發展。隨著實驗及探究本位學習（experiential and inquiry-based learning）教學策略的興起，結合動手動腳及身體各種感官刺激（即認知）的教學過程，將會因結合動作技能及認知發展的教學策略，讓學生有更為豐碩的學習成果。

八、結語

　　本文針對技能領域，也就是接近核心素養中的「能力」部分，就二十一世紀學生如何進行動作技能的學習，進行相關文獻探討，結果發現：

　　1. 動作技能領域教育目標分類，有了新的統整參考架構，可作為國內動作技教學目標的參考基礎。

　　2. 單項動作技能可沿著線性逐步發展的方式加以學習，從無意識無能力階段逐步發展至無意識有能力的階段，然後再結合單項動作技能成多項動作技能，去進行學習遷移來適應新的工作環境。是循環性的學習方式。

　　3. 知覺及本體感受在動作技能學習發展過程中，是重要的回饋機制。協調與適應則是後設動作能力，具有學習遷移的重要功能。

　　4. 動作技能的評量，依連續性質（從低精確度連續到高精確度）而非二分法（低精確度、高精確度）的方式來進行，更能呈現動作技能的水準及要求標準。

　　5. 結合動作技能及認知發展的教學策略，將讓學生有更為豐碩的學習成果。

參考文獻

一、中文部分

李堅萍（2001）。Simpson、Harrow 與 Goldberger 技能領域教育目標分類之比較研究——A comparative study on classifications of psychomotor domain educational objectives proposed by Simpson, Harrow, and Goldberger。**屏東師院學報**，14（下），675-709。

教育部（2018）。**素養導向教學設計參考手冊**。國民及學前教育署。

二、英文部分

Abdelkarim, O., Ammar, A., Chtourou, H., Wagner, M., Knisel, E., Hökelmann, A., & Bös, K. (2017). Relationship between motor and cognitive learning abilities among primary school-aged children. *Alexandria Journal of Medicine, 53* (4), 325-331.

Aman, J. E., Elangovan, N., Yeh, I., & Konczak, J. (2015). The effectiveness of proprioceptive training for improving motor function: A systematic review. *Frontiers in human neuroscience, 8*, 1075.

Anderson, L. W., & Krathwohl, D. R. (2001). *A taxonomy for learning, teaching, and assessing: A revision of Bloom's taxonomy of educational objectives: Complete edition.* New York: Longman.

Bloom, B. S., Engelhart, M. D., Furst, E. J., Hill, W. H., & Krathwohl, D. R. (1956). *Taxonomy of educational objectives: The classification of educational goals. Hand book I: Cognitive domain.* New York: David McKay Company.

Cannon, H. M., Feinstein, A. H., & Friesen, D. P. (2014). Managing complexity: Applying the conscious-competence model to experimental learning. *In Development in Business Simulation and Experimental Learning: Proceedings of the Annual ABSEL Conference (Vol. 37).*

Cooper, W. E. (1976). *Evaluating motor and perceptual-motor development: Evaluating the psychomotor functioning of infants and young children.* Retrieved from https://files.eric.ed.gov/fulltext/ED126001.pdf

Dave, R. H. (1970, 1975). *Psychomotor levels in developing and writing behavioral objectives*, pp.20-21. R.J. Armstrong, ed. Tucson, Arizona: Educational Innovators Press.

Harrow, A. J. (1972). *A taxonomy of the psychomotor domain.* New York: David McKay Company.

Hill, Fadel, & Bialik (2018). *Psychomotor skills for the 21st century: What should students learn ?* Center for Curriculum Redesign, CCR. Boston, MA.

Krathwohl, D. R., Bloom, B. S., & Masia, B. B. (1964). *Taxonomy of educational objectives: The classification of educational goals, Hand book II: Affective domain.* New York: David Mckay Company.

OECD (2018). *The future of education and skills: Education 2030.* Paris, France.

Osborne, E. D. (1986). Teaching strategies for developing psychomotor skills. *NACTA Journal, 30* (1), 54-57.

Simpson, E. (1972). *The classification of educational objectives in the psychomotor domain: The psychomotor domain. Vol. 3.* Washington, D.C.: Gryphon House.

Van der Fels, I. M., Wierike, S. C., Hartman, E., Elferink-Gemser, M. T., Smith, J., & Visscher, C. (2015). The relationship between motor skills and cognitive skills in 4-16 year old typically developing children: A systematic review. *Journal of Science and Medicine in Sport, 18* (6), 697-703.

第六章

偏鄉學校推動素養教育的具體實踐——以臺南市樹林國小「創業家教育」彈性學習課程為例

吳俊憲
國立高雄科技大學博雅教育中心教授兼祕書室主任祕書
暨臺灣教育評論學會第五屆理事
楊易霖
臺南市樹林國小教師

一、前言

　　教育部於2014年公布的《十二年國民基本教育課程綱要總綱》（以下簡稱十二年國教新課綱）中倡導素養導向教育理念，提出核心素養作為課程發展的主軸，亦作為各教育階段間的連貫及各領域/科目間的統整之依據。十二年國教新課綱強調課程發展應本於全人教育的精神，以「自發」、「互動」及「共好」為理念，強調學生是自發主動的學習者（教育部，2014）。因此，素養教育應該置於全人發展的脈絡下，透過課程與教學規劃去達成目標。以下先探討全人發展的教育理論基礎並闡明素養的精義；其次，面對新課綱素養教育帶來的衝擊，加上國小階段沒有科技領域的課程規劃，偏鄉小校課程發展如何因應？本文以臺南市樹林國小為案例進行個案研究，所發展出的偏鄉課程模式可以提供其他學校作為參考範例；最後提出綜合評論意見與問題反思。

二、從全人發展的脈絡下尋繹素養教育理念

　　探究全人發展的理論基礎，可說是來自杜威「教育即生活」、「教育即生長」的主張，他倡導學校課程應符合學生興趣和能力，教學應以學生為中心，並鼓勵「做中學」。其次是受到認知主義心理學的影響，布魯納主張教師的教材教法要符合學生認知結構，才會產生良好的學習效果。第三是維高斯基的鷹架理論，他重視兒童生活在文化社會中的事實，並運用社會文化的觀點來詮釋兒童發展，主張教師教學時應經常與學生對話，以深入了解學生的生活經驗及所處的社會文化脈絡，此外也鼓勵學生同儕互動，藉由教師或同儕的幫助來激發學生潛能，培養思考和解決問題的能力。第四是受到人本主義心理學的影響，羅杰斯和馬斯洛等人強調學生應被視為學習的主體，學習只能靠內發而不是外塑（吳俊憲、吳錦惠，2017）。

　　受到上述近代教育心理學的影響，促使學習理論的研究範疇從學生外顯行為延伸到內在的知覺、記憶、思考、創造力、動機及情緒等層

面，開始關注於學習情境脈絡及有效教學策略。因此產生以下三方面的影響：(1)強調增進師生互動、提升學習成效、診斷教學和補救教學等問題；(2)重視個別差異和因材施教，希望弭平學習落差，達到「帶好每一位學生」之教育目標；(3)實施科技融入教育，透過科技輔助學習和多媒體融入學習設計以提升學習成效（吳俊憲、吳錦惠，2017）。

　　十二年國教新課綱中定義核心素養為：「一個人為適應現在生活及面對未來挑戰，所應具備的知識、能力與態度。」、「核心素養強調學習不宜以學科知識及技能為限，而應關注學習與生活的結合，透過實踐力行而彰顯學習者的全人發展。」因此，訂定出「自主行動、溝通互動、社會參與」三個面向及九項具體內涵，並以培養終身學習者作為目標（教育部，2014）。張芬芬（2019）進一步詮釋素養乃是師生共構融會貫通的跨域活知識，鼓勵教師組成跨科/跨域的教師社群，增進學生個體生存、生活及生命，進而群體共好。綜言之，在全人發展作為基礎下的素養教育，應視素養為生活智慧，跟一般的知識不同，而是必須學習如何劍及履及和身體力行的活知識，能讓個體和群體在學習過程中感受到溫度。

三、偏鄉學校推動素養教育的實踐案例

（一）個案學校情境分析

　　臺南市樹林國小是一所偏鄉的六班小校，教師數十人，學生數三十四人，偏鄉小校面臨師資不穩定、資訊科技教學弱化，學生缺乏主動閱讀習慣、學習動機不高、欠缺合作分享精神，加上教師大多採講述法，面對新課綱素養教育帶來很大的衝擊。分析家長的職業，除了務農和工廠員工外，很特別的是在學校周遭有許多的小型工廠，而一些家長本身就是白手起家的創業人士。有鑑於新課綱國小階段沒有科技領域的課程規劃，科技推動採融入及應用為主，那麼偏鄉小校如何因應，在課

程中融入科技及行動學習？學校課程如何培育學生具有素養？因此，學校教育願景訂爲：「創新、探究、適性、關懷」。

1. 創新：有根據，能夠有不同的看法與點子，樂於分享與實踐。
2. 探究：好求知，能夠對相關事物感到好奇，願意了解與探究。
3. 適性：知興趣，能夠發掘自己喜歡的事物，找到自己的舞臺。
4. 關懷：重情感，能夠了解人與人相處原則，尊重協同與關懷。

（二）個案學校課程發展

樹林國小的課程規劃符應新課綱強調的專題式跨領域統整課程。

1. 校訂課程「創業家教育」

將行動學習與社區相關主題結合來規劃專題課程，讓學生從生活情境問題進行發想，讓行動學習成爲學生的一種生活實踐。課程發展有三個重點面向（如圖1）：

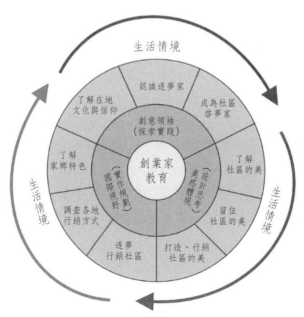

圖1　樹林國小校訂課程「創業家教育」內涵

(1) 探索實踐：「創意領袖（點子、團隊）」，帶領學生了解地方文化，依調查線索擴散性發想；拜訪地方的逐夢（創業）家失敗與成功的經驗，綜合整理意見，然後逐步聚焦想法並分享學習；進一步思考可行性，提出具體解決方案並實踐。

(2) 設計思考：「美感體現（特色、商品）」，帶領學生參訪社區，了解及記錄社區之美；透過調查與搜尋，留住社區之美，並分享有哪些做法，哪一種可行性最高，可以怎麼做；進一步打造及行銷社區之美，如何透過所學，並與學校、社區資源結合，共同開發社區文創商品。

(3) 實作規劃：「國際事業（行銷、執行）」，了解及盤點家鄉特色，增進學生更加認識社區；透過資訊科技進行各地行銷模式調查，並發表分享，找尋可以行銷社區的模式，並擬訂行銷計畫；進一步結合科技，執行行銷計畫，並逐步修正及解決相關問題。

校訂課程結合行動學習和專題式學習，希冀讓學生系統性的學會科技運用，進而引導偏鄉學童發現問題、確認問題、蒐集資料、協同討論、提出策略、執行策略、修正回饋，如此一來，可與國中階段的科技領域課程相銜接。

2. 部定課程

樹林國小將校訂課程視爲學生的夢想舞臺，部定課程成爲搭建學習的鷹架。因此，學校採自然科學與藝術的跨領域課程規劃，並持續推動「科技生活化」的整合應用，希冀學生習得探究、美感創作的能力，見圖2。

(1) 自然科學領域「5C偵探養成術」：目的是引導學生主動探究，因此會在課程中讓師生一起學習運用資訊科技，培養溝通與表達、合作共創及使用態度」。課程與教學設計上，將文本視爲探究的線索一，實驗活動或補充材料視爲線索二，其他學生同儕的想法是線索三。透過教師提問，讓學生從各種線索中進行整理比對、發現原理原則，並推論生活中的眞實現象。在學習評量上，改採Holiyo密室逃脫平台，透過資科

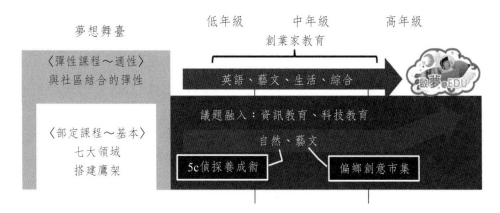

圖2　樹林國小校訂與部定課程規劃

技遊戲化的評量和學生協同學習，在故事引導下，將問題拆解成很多的線索，然後學生同儕一起判斷線索、推論答案，裨益於增進學生主動探究及溝通表達的能力。另外，設計如何製作電動車的專題探究課程，引進外部資源協助發展此跨領域課程。

(2) 藝術領域「偏鄉創意市集」：設計纏繞畫課程，導入雷雕機的應用，讓學生運用美術技法發展文創商品。此外，結合啓夢@EDU平台讓師生一起經營樹林偏鄉創意市集，教師開發課程教材包，學生發展社區文創產品。

3. 科技應用技法階段的學習規劃

學校將科技應用技法依階段別做有系統的規劃，避免相同的科技應用技法重複太多，希冀學生可以熟悉行動載具與電腦的交互應用模式，因此，在課程中並不會告知該使用何種科技工具，而是讓學生討論適用的時機和工具。

(1) 一至二年級（拍照和影片）：課程重點是盤點社區資源，融入英語與生活課程，帶領學生認識和親近社區，練習用英語介紹社區，將社區的特色畫出來，並透過科技讓學生完成介紹社區的影片。

(2) 三年級（搜尋、資料整理和分類）：搜尋網路上有關社區的資料，整理並分析社區資源與特色，訓練學生問題解決能力。

(3) 四至五年級（雷雕文創、影音動畫和電腦繪圖）：教師引導學生運用不同的資訊科技來解決社區或學校中遭遇的問題，透過四個主題學習，讓學生主動統整出自己的問題解決程序，並學會四種資訊科技工具的應用。

(4) 六年級（科技自主、專題製作）：教師讓學生自行發展專題探究，透過實作和檢視以修正問題解決程序。

4. 學習成效分析

樹林國小的創業家教育校訂課程，乃是經由全體教師共同參與發展的，是一至六年級系統化學習規劃，再加上部定的自然科學與藝術的跨領域統整課程，引導每個樹林國小學童嘗試為社區解決問題並增強在地認同，同時也發展出願意面對問題和尋繹解決問題的脈絡，因此學生會學習到「探究、協同、創新」的能力，並會活用這些能力以解決問題，此亦能呼應學校願景目標之達成。

四、綜合評論與問題反思

十二年國教新課綱強調素養教育，希冀培育學生「自發、互動、共好」。樹林國小是一所偏鄉小校，因應新課綱變革，致力於了解學生學習需求和社區發展問題，規劃搭建起學生和社區共好的課程。然而，國小沒有科技領域，如何培養學生具有科技運用及行動學習能力？如何重新思考部定課程與校訂課程的定位與實施方式？此外，學校實際執行歷程所遭遇的問題或困境包含：一開始，教師只有彈性節數概念，不清楚何謂校訂課程以及如何排課，因此無法凝聚共識；跨領域課程設計容易變成拼盤模式，協同教學會變成教師各上各的課，而無法提供具統整性和系統性的學習；偏鄉小校缺乏經費購置課程所需的科技器材。

為解決上述問題，樹林國小鼓勵教師參與新課綱種子講師培訓，導入學者專家和輔導團員來幫助教師增能。其次成立跨領域教師社群，並透過共同備課、觀課及議課，發展出一套專題式跨領域統整性探究課

程。教師發現「科技與國際、在地認同」的元素對於學生適應現在生活及面對未來挑戰是相當重要的，也發現部分家長職業是自行創業，因此經過學校課程發展委員會提案討論並經同意後，提出「創業家教育」校訂課程，希冀讓學生學習發想創意以及面對問題、解決問題的能力，並學會活用知識來解決生活周遭的情境問題，進而培養學生探究、協同及創新的能力。第三、剛開始排課時，先將科技課變成2節課，三至六年級共8節，交由一位科任老師主導課程發展，以科技作為課程發展的主軸，再經由社群會議討論如何將領域學習內容加入課程中，在這2節科技課執行後再調整，最後確認哪些學習內容可回歸到領域課程，哪些則留在彈性學習課程中。第四、樹林國小研發的是一般學校均可被複製執行的課程模組，課程主軸並非是學習科技媒材，而是教導學生如何運用科技並具有行動學習、問題解決、創意思考等能力，如此可降低購置器材的需求

　　總之，科技發展日行千里，位處偏鄉的樹林國小教師，努力應用科技並融入課程教學中，有系統的建構校訂課程並進行跨領域課程設計，讓偏鄉學童不會因為不懂科技而被淘汰，進而增進學童學習興趣，學會傾聽、思考及分享，並逐步建構出自己的思考邏輯，面對問題時也可以發揮創業家精神，活用知識和能力去解決問題。樹林國小的「創業家教育」校訂課程，是科技特色課程，也是創新創意教學，能讓素養落實在學生真實的學習中，相當符應十二年國教新課綱素養教育理念，其課程發展模式也可以作為偏鄉學校的最佳參考範例。

註：本文改寫自「偵探學園──創業家教育：108年國民中小學行動學習推動計畫成果報告書」，2019年11月，臺南市樹林國小。

參考文獻

吳俊憲、吳錦惠（2017）。**圖解教育心理學**。臺北市：五南。

張芬芬（2019）。素養是師生共構融會貫通的活知識—108課綱知識論。**臺灣教育評論月刊**，8(10)，1-5。

教育部（2014）。十二年國民基本教育課程綱要（總綱）。臺北市：作者。

第七章

素養導向之科技藝術跨域教學在科技大學的體現與挑戰

陳奕璇
聖約翰科技大學數位文藝系副教授兼系主任
周東賢
聖約翰科技大學休閒運動與健康管理系副教授兼系主任

一、緒論

　　為因應全球人才培育需求，及未來多元且複雜的社會變遷，近年，世界各大國均將厚植學生核心素養與跨域學習的統整能力，列為國家教育的重要方針（王雅玲、詹寶菁，2017）。經濟合作暨發展組織強調，素養宜視為一個廣義、跨學門且統整性的概念，其包含知識、技能、態度或情意（OECD, 2005）；我國十二年國民基本教育課程綱要（新課綱）也將素養詮釋為「一個人為適應現在生活及面對未來挑戰，所應具備的知識、技能與態度」的統整取向（教育部，2014：2-3）。教育學者分析，我國九年一貫課程綱要的能力指標與學習內涵，在新課綱的核心素養與學習構面是延續性的發展及深化，並非斷裂式的跳躍或驟變（林永豐，2018）。為幫助首當其衝的中小學教師理解且實踐新課綱核心素養的理念，並進而轉化為合宜的跨領域教學方案，近年政府積極委託教育學者及教師進行素養導向教學的深究與轉化實踐，並出版相關且務實的教學活動設計參考手冊（例：張瀞文，2018；周淑卿等，2018）。但即便是承續性的教育革新與發展，素養導向教學不僅連動激發中小學與高職在學習面向的新思維與新作為，更對於即將在111學年度面對首批大學與技專考招新制入學生的高教體系，帶來嶄新的經驗及更大的挑戰。相較於可依循新課綱，加以理解並實踐素養導向教學的中小學教育，素養導向教學之實踐對於高教技職體系的現場教師而言，不單僅是牽動系科課程在跨域教學活動上的轉化與創新，更可能在現行的系科本位課程結構下，對於專業學門的鮮明定位，及系科特色課程的發展與教學設計，帶來潛在的挑戰與衝擊。因此，發展能融入系科專業學門特色並採用素養為取向之跨域教學方案，以持續深化學生專業且務實致用的知識技能，同時培養學生具備跨領域的共通性能力與生活態度，乃是高教技職體系的當務之急與未來導向。

　　基於此，素養導向之科技藝術跨域教學在科技大學的體現與挑戰，即是在上述的教育革新思潮與教學創新的激盪下，提出一套以素養為取

向的跨域教學基礎架構，提供給高教體系技職教育相關領域之教師與學者專家，研擬跨域教學活動設計與課程規劃之參考。

二、素養導向之科技藝術跨域教學在科技大學的教育意涵與教學原則

　　綜合高教體系設計、美感教育與科技應用學者在跨域教學之論述，以及深究素養導向教學之教育專家針對教學活動設計提出的可行性方案，以下歸納並羅列素養導向之科技藝術跨域教學在科技大學的教育意涵與教學原則：

（一）強調問題本位的主題式教學情境，深化學用合一及務實致用的應用能力

　　素養導向之科技藝術跨域教學的學習內容建構，可以學習者中心及學生能力本位爲主軸（喻薈融等，2015）；以學生日常關切的科技應用與藝術設計議題，作爲跨域教學課程設計與學習媒材發展的基礎，營造出學生需透過共同參與、探索討論，並綜合應用藝術設計巧思與數位技術，解決問題的主題式學習情境（Lin, Wang, & Wu, 2019）。故素養導向之科技藝術跨域教學的課程設計，強調學習內容與實際社會脈絡的緊密連結；基於此素養觀，有助於讓現行高教技職體系的課程設計與教學途徑，不必囿於現行系科特色課程的科際界線或學門框架，讓學生透過跨領域主題探究，攫取整合不同學科領域的知識與能力；進而裨益學生在與生活情境相關的主題探討及克服困境的過程，習得因應當今與未來社會所需的問題解決能力與跨域綜合能力，以落實技職教育追求的學用合一與務實致用教育理想。

（二）注重學生本位與自主學習，激發與強化整合性素養

技專院校傳統的設計與藝術領域課程教學中，教師多以校內外創作競賽主題或教師主導計畫的主題實作單元，引導學生朝向教師訂定的學習方向，進行知識與技能強化，故長久以來，多數高教技職體系藝術設計領域，即使不乏學生實作的學習內容，但創作方向的定調與主題選定，多傾向由教師主導，學生多被型塑為被動的學習接受者（呂琪昌、林榮泰，2010）。學生習慣於學習歷程中接受教師明確的操作指令，且基於學習活動各階段的成果檢核要求，學生多會透過反覆練習，精熟教師期盼達到的設計技法，及課程或競賽主題規範下的創作內容；因此，當回歸生活中的個別創作，一但面臨領域外的整合性創作時，學生常難以超越課程內所學的單一學門專業素養，有效地面對與突破創作困境。

藉由素養導向之跨域教學，學生透過不同專業學門教師的協同教學，接收跨領域或多面向的學習刺激；教師亦可於既定的系科本位課程架構中，將生活中常見的其他學門領域議題融入現行課程或學科中（張民杰，2018）。故素養導向之科技藝術跨域教學，可透過主題教學整合不同學門的生活化議題，經由跨學門問題情境的挑戰，激發學生主動探索、思考問題之關鍵，啟發學生找尋問題解決的可行途徑，並與同儕協同整合及應用跨領域的知能；進而透過實作過程必經的「嘗試錯誤、辯證、檢視」動態循環歷程，習得「設計思考」與「問題解決」的統整性思維及素養。因此，素養導向之科技藝術跨域教學的課程設計，不僅重視學生對學習內容的自主探索；同時也強調學生能將跨域學習歷程的參與、探索、試驗、討論、反思與決策等設計思考力與實務技術，有系統地整合運用在生活中，讓學生在實作體驗中獲取的統整性專業素養與技術，能扎實地與社會生活鏈結，並有效地因應生活中的問題。

（三）重視實作體驗的學習歷程與創作發表的學習成果，涵養知識、技能與情意的統整性思維及能力

　　素養導向教學的根本教育精神，在於培養理論與實務並重的跨領域或整合性思維、共通性的應用能力與生活態度，藉此讓學生處於當今變化快速又多元繁複的社會中，能有獨立思辨的生活素養，並具備因應難題的設計思考力、彈性應變能力與問題解決能力（周淑卿等，2018）。故素養導向之科技藝術跨域教學可透過不同專業學門或學科，以多元化的教學途徑與學習活動來實踐；經由合宜的學習媒材或教學方法，且學習歷程與學習成果兩者並重，強化學生知識、技能與情意構面的統整能力。基於此，素養導向之科技藝術跨域教學在學習活動中，重視學生對生活中數位科技與藝術層面議題的認識、體察與理解（認知）；數位技術在藝術或設計領域的助益與創作應用（技能）；以及對科技藝術跨界整合創作的體驗、鑑賞及學習興趣（情意）。因此，素養導向之科技藝術跨域教學的學習媒材或學習內容，不僅需涵蓋科技與藝術設計各學門的專業學習內容，也需重視學生應用、實作的體驗歷程，及統整創作與發表賞析的學習表現。

三、素養導向之科技藝術跨域教學在科技大學教學活動的應用架構

　　為提供高教技職體系相關領域教學者，素養導向跨域教學之可行性與參考，本文以筆者任教所在科技大學108-1學期實施的「足壓量測資料可視化設計之跨域教學」為案例（教學對象為來自健康與科技應用、數位藝術與設計科系領域大二生，共計48位），闡述素養導向之科技藝術跨域教學在科技大學現行系科本位課程架構下，在課室教學的實際應用。此教學架構係由筆者參與本校跨域創新課程設計工作坊，另於共備課程期間參照學者提出的素養導向教學設計參考（張瀞文，2018；周淑卿等，2018），結合專題式學習與問題本位學習的教學設

計研擬而成，供健康科技與設計藝術領域師生進行爲期三週（每週2節，共6節課）的課室教學，其教學活動施行架構如下：

（一）呈現議題、小組探討與凝聚共識（第一週第1節）

此階段的教學活動如下：(1)教師揭示多個與健康科技及設計藝術整合性能力相關的生活議題，例：相同的數位化足壓量測資料，但透過相異且多樣化的圖文設計形式，學生判讀的準確性與視覺感官衝擊爲何？(2)教師列出激發學生認知衝突的常見問題，並適時輔以提示，例：第一眼注意到足壓圖文資料爲何？爲何會聚焦於某些特定訊息？色彩配置、字體設計、視覺焦點規劃等設計內容之差異？(3)教師規範各組學生在議題探討與問題回答歷程中，記錄其討論方式與問題解決途徑；(4)各組學生分享其組內對一系列健康科技及設計藝術整合性議題的問題解決策略。

（二）以學生實例說明、主題創作與實作體驗（第一週第2節、第二週第1至2節）

此階段的教學活動如下：(1)教師揭示不同類型足壓足形量測結果，例：數位化足壓數據的意義、足壓分布與生理症狀的對應、足壓分布與步態行爲的關聯；(2)教師引導學生思考探討：如何透過健康科技的數位傳遞技術，初步辨識足壓量測結果之保健方式；(3)教師以學生量測之足壓數據，激發學生藉此案例，探討視覺美感及圖文設計對閱讀動線與資料理解之影響；(4)教師引導學生探討與歸納圖文版面優化與閱讀動線流暢的視覺設計原則；(5)教師引導學生整合應用足壓辨識及解析知識，與圖文版式設計技法，共同構思與創作具視覺吸引力且可讀性高的足壓量測結果互動式圖文解說數位創作。

（三）設計成果展示與評析（第三週第1至2節）

此階段的教學活動如下：(1)各組學生展示數位化足壓量測結果的圖文解說數位創作。(2)教師引導學生描述各組與自己組別的圖文版面設計之視覺意象、視覺焦點與視覺動線規劃。(3)學生依各組展現的足壓量測圖文內容，詮釋該足部資料之重點意涵，及其相關的健康科技應用與專業保健資訊。(4)教師依各組成果展現的內容與回應，提出評論與總結：①回饋各組學生足壓足形量測圖像之版式設計特色；②根據學生圖文版式設計之成果，再次強化或提問：足壓量測圖像整合資訊之圖文解說數位創作的重點設計原則、視覺動線規劃與圖文資訊閱讀理解之相關影響。

四、結語

素養導向教學與其連動的跨領域學習及共通性整合能力，是我國新課綱的重要精神，也是當今世界多國教育革新的趨向。因應當下與未來社會需求而啓動素養導向的教育革新確實有其必要性與前瞻性；即使在現行高教技職系科本位與特色課程的發展基礎下，素養導向的跨域教學對啓發學生問題解決能力與統整性的設計思考力，皆具備正向的驅動力。深究我國高教體系多年來設計教育的重點學習內容在於：學會應用與整合「純藝術」與「實用藝術、工藝、科技」的知識及技術；設計教育的教學目標則是：涵養學生「跨領域」的統整能力，以激發學生「跨越工藝、藝術與科技」的整合性思維（呂琪昌、林榮泰，2010）。基於此，素養導向之科技藝術跨域教學，對於向來較偏重單一學門或學科教學的高教技職體系，應有其教育意涵與價值。

本文扼要闡述筆者以素養導向之科技藝術跨域教學的實施架構，但礙於實際教學情境中共備課程與跨域教學時數之限制，及修課學生彼此先備知識的極大落差，均使當下進行的跨域教學極具挑戰。其中，值得留意的是，爲了確認不同科系學生的先備知能，並擬定學生在跨域課程中共同的學習目標，在此跨域教學執行前的六週共備課程期間，參與跨

域教學的兩位授課教師彼此安排至對方課室現場進行三週觀課與教學回饋，藉此實際體察不同學門的學習途徑與主要學習內容；接續，著手為期約三週的跨域教學內容設計之批判、檢討與修正；並於期中考後，進行素養導向之科技藝術跨域教學。因此，素養導向之科技藝術跨域教學，教師們不僅需具備彈性整合思維、突破現有的學科教學框架，更需規劃合宜的教學觀摩，確實理解不同學門學生的基本專業涵養與學習方式，進而設計符合學生學習需求的跨域教學活動內容，故未來推展素養導向跨域教學時，教學者需審慎估量跨領域共備課程可能的耗時，以及對於當今高教體系學生多元化學習背景的檢視途徑。

　　縱使素養導向之科技藝術跨域教學在教學創新與轉化的實踐過程中，不可避免地遭逢課室教學的實務挑戰，但，令人振奮的是，學生對此跨域教學的正向回饋，以及課程中與相異學門背景同儕跨界合作的實作成果，均達到此素養導向科技藝術跨域教學的教學目標與期許。例如：學生對此科技藝術跨域教學的學習回饋顯示，絕大多數學生（81%）認為相較於傳統分科教學，素養導向跨域學習歷程中，脈絡化且主題式的學習內容、案例分析，不僅更能激發同儕間跨界合作、共同解決問題與實作；近八成（79%）健康與科技應用科系學生認為，此跨域教學讓他們能具體習得將足壓量測的抽象數據，具象轉化成便於受眾理解、辨識性高且具視覺吸引力的圖文海報之實用技法；超過八成（85%）數位藝術與設計科系學生認為，此跨域教學幫助他們深刻體察與領受到藝術設計何以融入生活與其他專業學門領域。此外，教學活動最終的成品賞析與分享階段，相異領域的學生均依擬定的教學目標與方向進行跨域組隊，具體展示統整性的實作技能與設計成品；各組學生透過作品介紹、提問與闡述，進而思辯與欣賞組間跨域成品的設計內涵與特色，藉此體現學生們跨域學習的統整性知能與態度。

　　素養導向的教育革新與學習方式的新作為，相信是教學創新與進步的新契機，但在革新與轉化的歷程中，教育當局對於跨領域教學在高教體系現行課程結構中的執行主軸，與其相對應的評量機制，應提供更具體的展示與闡釋。

參考文獻

一、中文部分

王雅玲、詹寶菁（2017）。芬蘭新課程綱要及現象爲本學習之探究：兼論其對臺灣實施跨領域課程之啓示與挑戰。**國家教育研究院教育脈動電子期刊**，11。取自 https://pulse.naer.edu.tw/Home/Content/586f2304-13c3-49c2-a5a0-11c249dded8a？insId=ce7aab24-b25b-4638-b89f-d005f7908f07

呂琪昌、林榮泰（2010）。從包浩斯風格探討臺灣設計教育的展望。**藝術欣賞**，6(3)，28-43。

吳璧純、詹志禹（2018）。從能力本位到素養導向教育的演進、發展及反思。**教育研究與發展期刊**，14(2)，35-64。

林永豐（2018）。延續或斷裂？從能力到素養的課程改革意涵。**課程研究**，13(2)，1-20。

周淑卿、吳璧純、林永豐、張景媛、陳美如（編）（2018）。**素養導向教學設計參考手冊**。臺北市：教育部。

張民杰（2018）。運用問題導向學習設計與實施素養導向教學可行性之探究。**課程研究**，13(2)，43-58。

張瀞文（主編）（2018）。**面向未來的能力：素養導向教學教戰手冊**。臺北市：教育部。

教育部（2014）。**十二年國民基本教育課程綱要總綱**。臺北市：教育部。

喻薈融、趙惠玲、林小玉、李其昌（2015）。美力跨界：跨領域美感教育之課程理論與實務初探。**國家教育研究院教育脈動電子期刊**，2。取自https://pulse.naer.edu.tw/Home/Content/1dd7c844-e7cd-4dce-bdc2-7884dd8c27c1？insId=f628a856-bdda-4986-93c4-da58a908d1fc

二、外文部分

Organization for Economic Cooperation and Development (OECD) (2005). *The definition and selection of key competencies: Executive summary*. Paris: OECE.

Lin, Y. T. Wang, M.T. & Wu, C. C. (2019). Design and Implementation of Interdisciplinary STEM Instruction: Teaching Programming by Computational Physics. *The Asia-Pacific Education Researcher*, 28, 77-91.

第八章

專業外（英）語人才國際化課程規劃需求與趨勢

蘇雅珍

南臺科技大學應用英語系教授

一、前言

英語為世界共通之語言，國際社會以其為資訊傳播及理念溝通之工具。藉著網際網路，資訊的交流也相當容易。Larsen-Freeman與Long（1991）強調，從國際關係與外交、 經濟、網路、教育文化、娛樂，乃至運動等，英語已成為國際交流的重要溝通工具。就國際商務場合而言，所面對商務人員未必是英語為母語的人士，但是英語仍是主要的溝通工具。國外學者土耳其學者Akar（2002）、芬蘭學者Charles與Marschan-Piekkari（2002）、香港學者Bilbow（2002）的研究報告中也曾提及，雖然近年來國際商用場合中，其他外語如華語、印度語、阿拉伯語等也會被使用，但英語在國際商業場合中仍扮演最重要的、關鍵角色。它仍是商業往來不可缺少的工具，是全球通用的國際語言。

近年來，我國產業不斷與全球接軌，各大企業已逐步朝向跨國性發展。在國際市場自由競爭下及為迎接企業的國際化，英語能力的提升是各行各業共努力的目標之一。蔡淑翹（2005）指出，隨著臺灣加入世界貿易組織（WTO）後，無論在工作或生活上，與外國人接觸的機會日益增加。面臨以全球自由化與國際化的浪潮來襲及在日益激烈的商務環境下，各行各業除了重視專業職能的表現外，英語能力更是影響加薪與深造晉升的關鍵因素。2012年「臺灣1000大企業員工英語能力需求標準調查報告」中也發現，近九成（86%）的企業重視發展全球化人才團隊，並特別重視其「英語溝通能力」（25.9%）、「執行能力」（13.6%）、「團隊合作力」（12.1%）。8.4%的企業將英語列為官方通用語言，有45.1%的企業會在某些部門使用英語，完全不需要英語的企業僅占4.1%（ETS臺灣區總代理忠欣股份有限公司，2012）。

臺灣為出口導向國家，根據經濟部國際貿易局統計發現，2016年出口貿易總值為280,317,182,147美元，2017年為317,244,234,432美元，增加13.173%。但大部分出口為大型企業為主，中小型企業雖是臺灣經濟成長動能，但企業銷售料、出口額有下滑趨勢，其衰退原因為我國中小企業不擅國際行銷與全球布局，轉以內需市場為主（陳鷥

人，2017）。為提升中小企業出口額，推動服務業國際化發展是勢在必行。

　　根據我國160部門的產業關聯表，服務業支援其他產業發展，如零售、批發、國際貿易、陸上運輸服務等。顯示著服務業在產業發展中，對內、外皆扮演重要角色，各產業需要服務業支應。在面臨全球競爭與經濟全球化衝擊下，服務業不再只是支應內內需市場，各產業更需要外部服務業與服務人才的支應，提升我國整體國際競爭力（杜英儀，2003）。服務業國際化背後代表著外語能力、專業知識與跨領域才能（林嘉慧、陳宣蓉，2012）。就技職體系應用英語相關科系而言，專業外（英）語商務人才國際化培訓是當務之急。商務與行銷接待人員若具備英語與日語等兩種以上外語能力，並熟稔國際貿易與行銷知能，正符合產業殷切需求。

　　本地企業拓展海外市場商機，成為跨國企業，外語國際會展人才培育更顯得重要。會展為「會議展覽」之簡稱，包括會議（Meeting）、獎勵旅遊（Incentive）、大型會議（Convention）和展覽（Exhibition），取其英文字母字首縮寫又稱「MICE產業」。會議結合貿易、交通、服務、資訊與科技等多項產業，具有具有「三高、三大、三優」之特性，三高是指高成長潛力、高附加價值、高創新效益；三大是指產值大、創造就業機會大、產業關聯大；三優是指人力相對優勢、技術相對優勢、資產運用效率優勢（周幼明、蔡學儀，2013）。會展產業不僅可帶動周邊產業發展，增加就業機會，擁有可觀的經濟效益與市場商機，同時有助於國家和城市行銷，因此深受各國重視。會展產業被公認為衡量都市經濟與國際化的重要指標（林秋蘭、魏士奇，2013）。

　　出口貿易與我國經濟有著命脈相連的關係。然而，對外貿易首重行銷能力，參與展覽亦為貿易廠商長久以來所採用的首要方式。會展產業的推動，不僅可提供廠商展示產品，吸引廠商及國外買主來臺投資，更可帶動相關產業快速發展，進而促進整體經濟發展，提升國際知名度並建立城市新形象（林秋蘭、魏士奇，2013）。我國各中小企業若也能

延攬專業外語人才走出臺灣，參與海外國際會展或展覽，可直接與當地獲國際客戶接觸，行銷、推廣與解說產品特色，將可增加外銷與出口機會，同時亦可實地體會與接觸當地商務文化、風俗民情，促進跨文化了解與溝通。

現階段我國貿易出口方面，中國大陸及香港、美國、日本、歐洲北美洲外，東協亦是主要貿易輸出國。臺灣與東協貿易關係相當密切，不僅是因為地理環境緊鄰，也因為兩者間優勢產業互補，提高彼此經貿合作的意願。由經濟部資料統計顯示，自2006年起至2012年4月為止，臺灣對東協六國（印尼、馬來西亞、菲律賓、新加坡、泰國與越南）出口金額持續增加，從2006年的306.5億美元，增加至2011年的507.4億美元。分析東協六國占我國總出口的比率，也發現持續增加（除了2009年之外，因為美國次貸風暴造成全球經濟不景氣），由2006年的13.7%增加至2011年的16.5%，到了2012年的1月到4月，更是增加至18.3%（黃兆仁、朱浩，2012）。

為加強兩區域關係，蔡總統在2016年5月20日上任後提出「新南向政策」，9月5日正式提出「新南向推動計畫」，納入「以人為本、雙向交流、資源共享」原則，加強教育、產業人力交流合作（楊桂禎，2017）。政府也鼓勵本國學生赴當地就讀，以及提供赴東協、南亞地區實習之「新南向學海築夢計畫」，培養我國對東協及南亞之專精人才，拓展學生視野。有鑑於此，若我國學生能到海外（特別是東南亞）實習，不僅有助於將所學實務運用，並能加強其外語溝通與專業能力，促進其跨文化了解與溝通。

二、專業外（英）語人才國際化課程規劃特色

在全球化潮流下，英語力已成了國家競爭力的重要指標。為了推動人才專業化與國際化，培養學生具備結合英語與專業的核心素養（core competence）為當務之急。「核心素養」是指一個人為適應現在生活及面對未來挑戰，所應具備的知識、能力與態度（國家教育研究院，

2015）。曾如蔡清田（2015）所言，素養不僅包括知識與能力，而是綜合知識、能力與態度，能夠展現與運用在生活情境中，並能於未來多變情境中，透過習得本身知識、技能與態度，能有所應變與生存。因此，課程設計與規劃應整合知識、態度與技能，並讓學生能有實踐力行表現（國家教育研究院，2015）。教育部於2014年所公布的《十二年國民基本教育課程綱要總綱》（以下簡稱十二年國教新課綱）中也倡導素養導向教育理念。

　　就大專技職教育而言，推動專業英語國際化課程，使學生具備英語聽讀說寫能力、相關領域專業英語知識、具有國際觀與國際移動能力爲當務之急。曾如莊坤良（2014）所言，全球高等教育發展趨勢，反映國際化現象，各國高教育將國際化當作學校發展趨勢，希望培養學生具有國際競爭力。而國際化養成教育需培養學生英語與外語溝通能力、專業素養與生活適應能力。

　　產業與國際接軌爲全球趨勢，使具有英語及雙外語能力的英語相關科系大專學生更具優勢。培養學生具備結合專業與外（英）語國際化人才，能使學生更具競爭力，並能符合產業國際化市場需求。因此，英語相關科系學生本身若能有專業商務知識（知識層面）、外語溝通與接待服務技能（技能層面）、專業積極態度、國際視野（態度層面）等核心素養，結合實務經驗，不僅能增加畢業後就業力，更有助於我國貿易出口成長與企業國際化拓展。專業外語國際化人才培訓不再只是著重於英語基礎聽力、口說溝通、閱讀讀與寫作能力訓練，更應加強國際商務、國際行銷知識，接待與服務技能與實務經驗，其課程規劃特色建議如下：

（一）英語／外語和商務溝通技能訓練

　　課程除了培養學生基本英語聽力、閱讀、口說、寫作、基本核心能力外，還須培養學生商務溝通、逐步口譯與協商能力，並具備第二外語（特別是日語）專長，流利地雙外語或第三外語溝通與協調能力可降低

與外國客戶溝通上的隔閡。

（二）規劃外語結合商業知識相關的實務課程

開設實務、就業導向的專業外語課程，讓學生熟悉相關專業商務概念（包括國際貿易與行銷）、專業英與與第三外（英）語用詞、語句、並能適切運用於外國客戶的接待、客服、協調、導覽、產品解說與行銷，或運用於商務簡報、國際展覽／會議等。

（三）專業禮儀及國際視野培養

課程中著重學生職場專業禮儀培訓、其他國家文化了解，並培養跨文化敏感度、尊重態度。讓學生能夠在面對不同國家客戶時，具備適切儀態、口語表達、臨場反應與應對進之技能及文化知能，藉此降低跨文化誤解，縮短行銷或接待人員與國際客戶距離。

（四）產業實習就業落實

安排與國際接軌的服務產業實習機會，讓學生能夠實地接觸，運用實務技能，奠定就業的基礎，縮短學習與就業距離，使其於畢業後能立即投入職場發揮所學。

（五）海外實習機會拓展

為配合政府新政策（包括新南向政策）和產業發展方向，使學生在學中，有機會到日本或東南亞國家（如新加玻）進行海外實習，可實地接觸與了解當地風俗民情，可拓展視野，增加國際經驗、跨文化溝通、適應力。

授課方式可採用系所教師與業師協同授課教學。由於業師具備產業

中之實務經驗，可強化產業實務之結合，課程內容更具實用與實務。學校也須提供學生相關產業國內外實習機會，讓學生能夠親自到工作場所中落實「學中作、做中學」的精神，將課堂所學與校外實務實習密切結合。經由求學教育階段，培養雙語與專養能力，增進學生對於產業／企業具國際化或多元族群色彩的整體經營與現場實務作業的了解；強化學生具備專業知識、態度與技能；專業職場形象、態度與禮儀；透過與國際觀光客或客戶實際面對面溝通與應對，可增進英語相關科系學生英語及雙外語，職場信心，拓展國際觀與專業技能。

三、結語

在面臨全球競爭與經濟全球化衝擊下，各產業需要中高階專業外語客服、銷售人才的支應，進而提升我國整體國際競爭力。誠如林嘉慧與陳宣蓉（2003）所建議，為擷取商機及因應國際化挑戰，企業惟有運用知識，強化專業人才培訓，才能突破品牌通路及國際化的瓶頸。唯有加強英語相關學系學生培養學生具備知識、技能與態度三層面核心素養的國際化的專業外語人才，包括具備英語與第三外語溝通及跨文化溝通能力、充實其專業國際行銷與國際會展導覽與解說與銷售、活動規劃與執行、接待與服務實務知識與技能，培育具國際觀與跨國適應力等使其具有就業力、競爭力，並對我國產業拓展國際市場有所助益。

誌謝

感謝審查委員提供寶貴意見，本文為教育部產業學程計畫之部分研究內容，感謝教育部提供經費補助。

參考文獻

一、中文部分

林嘉慧、陳宣蓉（2012）。台灣中小型服務業國際化之挑戰與契機。**經濟前瞻**，
　　141，104-109。

林秋蘭、魏士琦（2010）。臺灣會展產業發展趨勢之研究。**多國籍企業管理評論**，
　　4(1)，209-223。

杜英儀（2003）。台灣服務業發展現況。**經濟前瞻**，90，52-56。

周幼明、蔡學儀（2013）。我國展產業發展與會展教育實施之評估。**育達科大學報**，
　　35，57-74。

黃兆仁、朱浩（2012）。台灣與東協主要國家之經貿互動關係。**臺灣國際研究季刊**，
　　8(3)，185-204。

莊坤良（2014）。國際移動力的挑戰。**English Career**，45。取自：http://www.geat.
　　org.tw/english-career/45/%e5%9c%8b%e9%9a%9b%e7%a7%bb%e5%8b%95%e5%8
　　a%9b%e7%9a%84%e5%9f%b9%e9%a4%8a/

陳鷲人（2017年9月26日）。中小企業家數創新高 銷售、出口卻雙衰退。工商時報。
　　取自：https://www.chinatimes.com/newspapers/20170926000074-260202?chdtv

楊桂禎（2017）。以人為核心的新南向政策人才、人力與人文。**臺灣經濟研究月刊**，
　　40(2)，36-43。

蔡清田（2015）。**課程發展與設計的關鍵DNA：核心素養**。臺北市：五南出版社。

蔡淑翹（2005）。商業英語數位學習教材研製：國際貿易實務。**高應科大人文社會科**
　　學學報，2，157-168。

國家教育研究院（2015）。十二年國民基本教育領域課程綱要核心素養發展手冊。
　　取自：https://ws.moe.edu.tw/001/Upload/23/relfile/8006/51358/9df0910c-56e0-433a-
　　8f80-05a50efeca72.pdf。

ETS臺灣區總代理忠欣股份有限公司（2012）。**臺灣1000大企業員工英語能力需求下**
　　標準調查報告。取自：http://www.toeic.com.tw/report_2012_01_02.jsp

二、英文部分

Akar, D. (2002). The macro contextual factors shaping business discourse: The Turkish case. International. *Review of Applied Linguistics in Language Teaching, 40*(4), 305-322.

Bilbow, G. (2002). Commissive speech act use in intercultural business meetings. *International Review of Applied Linguistics in Language Teaching, 40*(4), 287-303.

Charles, M., & Marschan-Piekkari, R. (2002). Language training for enhanced horizontal communication: a challenge for MNCs. *Business Communication Quarterly, 65*(2), 9-29.

Larsen-Freeman, D. & Long, M. H. (1991). *An introduction to second language acquisition research*. New York: Longman Inc.

第九章

數學素養導向教學的設計理念與實施

陳靜姿

國立臺南大學教育經營與管理所博士

臺中市西屯區永安國小校長、臺中市數學輔導團召集人

一、數學素養導向教學的理念

　　面對變化萬千的未來世界，十二年國教新課綱以「素養導向」作為課程發展之主軸，強調學校教育以學習者爲中心，不只關乎學科知識的學習，更著重學習者能統整其所學知識內容，並且實踐於生活情境，培養正向的學習態度。新課綱期許學生學習不僅能涵蓋「知」與「能」，更在社會參與中具有「行」的實踐，成爲終身學習者。

　　《十二年國教數學領域課程綱要》有關數學素養的內涵採用PISA對於「數學素養」的定義，李國偉、黃文璋、楊德清與劉柏宏（2013，頁21）對數學素養的內涵定義如下：

　　十二年國教之國民數學素養內涵更加明確闡述如下：數學素養的核心內涵應指個人的數學能力與態度，使其在學習、生活、社會、與職業生涯的情境脈絡中面臨問題時，能辨識問題與數學的關聯，從而根據數學知識、運用數學技能、並藉由適當工具與資訊，去描述、模擬、解釋與預測各種現象，發揮數學思維方式的特長，做出理性反思與判斷，並在解決問題的歷程中，能有效地與他人溝通觀點。

　　在林福來、單維彰、李源順與鄭章華（2013）的前導研究中以「知」、「行」、「識」三者的滾動及衍化來詮釋國民基本數學素養的內涵。「知」就是「學什麼」，指的是數學內容，知道描述狀態、關係、運算的數學符號；「行」就是「怎麼做」，則是能根據此符號執行操作程序，能用以陳述情境中的問題，並能用以呈現數學操作或推論的過程；「識」就是「爲什麼」，指的是對數學的內在認知與情意涵養，認識這些數學符號與日常語言的價值性。鄭章華（2017）認爲數學素養導向教學設計除了延續九年一貫課程設計包括「數學是什麼」和「數學怎麼運用」外，更強調「爲什麼學習數學」，也就是對數學的內在認知與情意的涵養，包括概念理解、推理、連結、解題的各種方法，以及相信數學在生活中的連結，引導學生能夠賞析數學的美好，以及在數學學習過程中，培養學生堅忍勤奮等情意涵養。

二、數學素養導向教學的課程目標

　　數學是什麼呢？從數學本質來看，數學是一種語言；從數學功能來看，數學是一種實用的規律科學；從數學發展歷程來看，數學是一種人文素養；從數學教育來看，數學旨在提供每位學生有感的學習機會，在數學教學上培養學生正確使用工具的素養（教育部，2018）。

　　根據十二年國教數學領綱的課程目標，包括以下六點（教育部，2018）：(1)提供所有學生公平受教、適性揚才的機會，培育其探索數學的信心與正向態度；(2)培養學生的好奇心及觀察規律、演算、抽象、推論、溝通和數學表述等各項能力；(3)培養學生使用工具，運用於數學程序及解決問題的正確態度；(4)培養學生運用數學思考問題、分析問題和解決問題的能力；(5)培養學生日常生活應用與學習其他領域／科目所需的數學知能；及(6)培養學生欣賞數學的人文內涵中，以簡馭繁的精神與結構嚴謹完美的特質。由此可見，十二年國教數學教育的首要目標爲提供所有學生公平受教、適性揚才的機會，培育其探索數學的信心與正向態度。

　　臺灣PISA的研究報告指出，我國學童在數學素養評量的國際評比雖然名列前茅，但個別差異的幅度似乎越趨嚴重，而在「數學正向態度」和「學習自信心」等面向也顯著低於國際平均（臺灣PISA國家研究中心，2014）。數學教學如果只是強調計算能力的程序執行，單向地傳授知識給學生，學生還是不知道深度的數學概念理解，更不知道如何將其所學運用在眞實情境中。所以，培養學生正向積極的數學學習態度，以及運用數學於眞實情境中，是我們在數學教育上努力的方向。

三、數學素養導向教學的課程設計

　　面對數學新課綱的教育變革、學生數學學習興趣低落以及家長高度期待等現況，現場老師確實存在不少的壓力。爲了讓老師們能夠順利迎接數學新課綱的挑戰，培養教師具備關鍵能力，帶領教師進行課堂轉型

更顯重要。教師是課程改革的靈魂人物，如何協助教師了解教科書設計的脈絡，並在此基礎上進行數學素養導向的課程轉化與教學設計，是當務之急。

　　數學素養導向教學的課程設計不僅著重數學知識內容的學習，更應強調學習歷程及學習方法的重要性，讓學生喜歡學習數學以及學習如何學習數學。甯自強（1993，1995，1996）考量數學學科的「心理—社會」根源，以及數學教育的本質，主張教學者是布題者，透過現象學、心理學、社會學，以及人類學等數學問題的提出，教師期望能促使兒童建構有效能的抽象解題運思。

　　基此，數學素養導向教學的課程設計宜考慮以下四個面向：第一、以現象學而言，數學強調「量的操作」，數學領綱的操作條例從九年一貫分年細目163條中只有4條和「操作」有關（3-s-06、4-s-02、5-s-01和5-s-02），國小新課綱數學領域的學習內容131條中，就有38條提到「操作」，可見具體操作在新課綱扮演了重要角色；第二、以心理學而言，數學教學與數學學習均強調兒童概念發展，課程設計宜兼顧每位學生因為數概念發展的快慢，而引發學習上的時間差和路徑差；第三、以社會學而言，數學學習強調數學表徵與格式溝通的重要性，數學符號要有共識和溝通的功能，才能提升數學課室中的討論品質；第四、以人類學而言，數學強調簡約之美，簡約是數學史漫長發展的濃縮結果，不僅強調約定成俗的格式來溝通與討論，同時也強調數學文化傳承的重要性。

　　由國立臺灣師範大學數學教育中心所研發一系列「數學奠基模組」以及「數學奠基進教室」課程設計的三大理念和五大原則，相當符應新課綱數學素養導向的課程設計，值得現場教師大力推廣。林福來（2019）說明課程設計的三大理念包括：第一、激發學生的內在學習動機以發展正向學習態度樂於學；第二、強調數學學習是主動營造數學感的過程；第三、教學活動是提供師生、生生共建（co-construction）數學的機會；五大原則包括：引動思考、營造數學感、共建數學、診斷介入以及單元設計滲透等原則。

　　陳維民（2018，2019）主張「起承轉合教學模組」（簡稱EECC教學模組）即符合數學素養導向之課程設計，該模組強調老師在教學中，透過學生先備知識引導孩子投入（Engagement）學習脈絡、藉機豐富（Enrichment）孩子的基本知識、等待機會製造認知衝突讓孩子領悟（Comprehension）、最後將所學壓縮（Compression）成一個濃稠的知識點。特別的是，這一系列的引導是根源於模擬數學先賢發明數學知識的過程，透過數學探究啓動數學思維，讓孩子能享受數學思考的樂趣並涵養自學能力，符合新課綱強調的「自發、互動、共好」的設計要領。

　　臺中市政府教育局發行的《動手做想數學——12年國教數學核心素養教學示例》專書，根據「起承轉合教學模組」進行課程設計，強調教師布題時應考慮學生的近側發展區（ZPD），據以提供學習鷹架，減少學生數學學習上的挫敗。教學設計可以巧妙鋪陳一些「梗」或是「碴」，提高學生的挑戰意願，並將數學知識轉化成實踐行動的能力（彭富源等，2018）。在這本專書的緒論中，根據數本屋團隊作者所研發的八篇教學示例，整理了數學素養導向教學的課程設計，至少包括以下幾項要素（陳靜姿，2018）：

（一）透過眞實情境營造數學學習的需求感

　　生活中處處有數學，以最近武漢肺炎肆虐全球，防疫期間的許多資訊都和數學有關，例如：酒精消毒液的濃度調配、口罩實名制的發放數量、全球各國確診人數的統計圖表等。教師可以引導學生從生活情境和時事報導中去發掘數學問題，並能落實生活應用的能力。

（二）鋪梗設局、製造衝突以釐清學生迷失概念

　　教學過程中，老師可以針對學生「迷失點」或「混淆處」，透過巧妙地「鋪梗」或「設局」，引導學生完成「找碴活動」或「任務要

求」，從探索中鋪陳數學學習脈絡，豐富學生的多元想法，引導學生享受數學學習的樂趣。

（三）透過具體操作促使學生數學概念理解

學生透過實物操作，可以將抽象的數學概念具象化，進而達到有感的數學學習。此外，引導學生善用數學工具，例如：圓規、量角器、直尺、磅秤、計算機等工具的操作，對於學生數感和量感的發展有很大助益。

（四）透過數學溝通提升學生批判思考能力

數學是一種語言，數學是一種辯證的歷程。課室中鼓勵學生根據「數字或數據」進行數學溝通，並能有邏輯的分析，有條理的說明，藉此可以提高學生的批判思考能力。

四、結語

數學素養導向教學的課程設計，重視學生的數學概念性理解以及程序性的思考歷程，強調學生體驗數學知識發生的過程，進而發現數學學習的內在價值以及真實生活的應用。課程設計強調結合學生的生活情境經驗來呈現探究的主題，學習歷程中引導學生覺察和體驗經驗連結，教學課堂中透過互動討論與腦力激盪來活化思考。面對十二年國教新課綱改革之際，教師應該了解數學素養的核心理念與課程目標，並能清楚掌握數學素養導向教學的課程設計要領，期能展開兒童數學概念的學習光譜，滿足不同學習層次的需求，期許學生能夠對於數學內容產生意義化，進而提升數學學習的興趣。

參考文獻

李國偉、黃文璋、楊德清、劉柏宏（2013）。**教育部提升國民素養實施方案——數學素養研究計劃結案報告**。臺北：國家教育研究院。

林福來（2019年3月）。數學奠基模組與素養教學。林福來（主持人），**107學年度數學學習領域輔導群「中區分區座談會」**，國立臺中教育大學。

林福來、單維彰、李源順、鄭章華（2013）。**「十二年國民基本教育領域綱要內容前導研究」整合型研究子計畫三：十二年國民基本教育數學領域綱要內容之前導研究研究報告**（編號：NAER-102-06-A-1-02-03-1-12）。臺北：國家教育研究院。

教育部（2018）。**十二年國民基本教育課程綱要：國民中小學暨普通型高級等校——數學領域**。臺北市：教育部。

陳維民（2018年7月）。課程講義——起承轉合教學模組介紹。**2018年數學領域起承轉合教學工作坊第一期**，臺中市西屯區永安國小。

陳維民（2019年7月）。課程講義——起承轉合教學模組介紹。**2019年數學領域起承轉合教學工作坊第二期**，臺中市西屯區永安國小。

陳靜姿（2018）。緒論，載於彭富源（發行人），**動手做想數學——12年國教數學核心素養教學示例**（頁21-23）。臺中市：教育局。

彭富源、陳靜姿、陳維民、謝淯婷、蔡武諺、林秀瑜、許曉芸、郭勝得、黃怡嘉等（2018）。**動手做想數學——12年國教數學核心素養教學示例**。臺中市：教育局。

甯自強（1993）。「建構式教學法」之教學觀——由根本建構主義的觀點來看。**國教學報**，5，33-41。

甯自強（1995）。五個區分對數與計算教材設計的影響。見周筱亭主編：**八十三學年度國民小學新課程數學科研討會論文暨會議實錄專輯**（頁63-90）。臺北縣：臺灣省國民學校教師研習會。

甯自強（1996）。數學的格式與內容——皮亞傑對維高斯基。「皮亞傑及維高斯基的對話」百年校慶學術研討會。臺北市：臺北市立師院。

臺灣PISA國家研究中心（2014）。**臺灣PISA2012精簡報告**。取自http://pisa. nutn. edu. tw/download/data/TaiwanPISA2012ShortReport. PDF.

鄭章華（2017）。「知、行、識」——談數學素養導向教學模組設計與發展。載於單維彰、鄭章華主編，十二年國教數學素養導向課程設計與教學案例（1-32頁）。新北市：國家教育研究院。取自：http://www.naer.edu.tw/ezfiles/0/1000/img/67/152587896.pdf

第十章

香港高中國文科實施素養導向教學的問題及其因應策略

吳善揮

香港大學教育博士候選人

香港明愛元朗陳震夏中學教師

一、前言

　　素養導向教育又稱爲能力本位教育，其倡導發展個體的綜合性素養和終身學習，當中包括：知識、技能、程序、方法、態度、倫理及行動（吳壁純、詹志禹，2018）。近年，聯合國教科文組織、歐盟、經濟合作暨發展組織等都紛紛地爲公民素養訂立了清晰而具體的標準，以使國民能夠發展出應對未來、負責任地生活之能力（陳育祥，2018）。在這樣的背景下，香港國文科課程亦跟隨國際的教育潮流，以素養導向（又稱爲能力導向）理念作爲課程的主導，希望能夠提升學生在不同方面的語文能力、思維能力、審美能力及自學能力（香港課程發展議會，2001）。在2007年，香港政府全面實施高中課程改革，當中國文科進一步強調以素養導向教學爲課程目標，包括：知識（閱讀、寫作、聆聽、說話、文學、中華文化、品德情意、思維和語文自學）、共通能力（協作能力、溝通能力、創造力、明辨性思考能力、運用資訊科技能力、運算能力、解決問題能力、自我管理能力及研習能力），以及價值觀和態度（個人行爲和判斷準則、工作態度）（香港課程發展議會、香港考試及評核局，2015）。然而，由中央所推動的高中國文科素養導向課程之目標及內容含糊不清，而最重要的，就是在公開考試主導的客觀條件下，學校及教師可以發揮的空間受到很大的制約，因此，高中國文科課程未能眞正做到以素養導向爲目標（陳健生、霍玉英，2012）。由是之故，本文旨在說明素養導向教學之意涵、香港高中國文科實施素養導向教學的問題，以及改善香港高中國文科實施素養導向教學的策略，以供香港教育局作爲檢視高中國文科課程的參考。

二、素養導向教學之意涵

　　所謂素養導向教學，就是指個體適應現在生活、應對未來挑戰所需要掌握的知識、能力和態度，透過三者持續不斷的相互影響，個體便能夠由之產生出應有的素養，而這對於個體之個人行爲及表現有重要的指

導作用（林琮智、鄭健源，2018）。因此，各級學校有責任向學生提供知識、技能及態度的培養，讓學生能夠學會與他人互動、掌握解決問題的能力、提升個人自尊和自信心，使他們能夠有足夠的能力回應未來職場及生活的要求（陳昭宇，2018）。而素養導向教學最重視的，就是教師如何把知識、技能及情意進行整合，並連結學生實際的生活經驗，讓他們能夠將所學應用在日常的生活之中（李怡穎、練芳妤，2019）。事實上，素養導向教學正好打破了過往教育只著重學生學習理論、背誦知識的弊端，並且強調有效教學的核心要旨，在於學生能否把所學應用在日常生活之中，以解決他們在現實中遭遇到的問題（詹惠雪、陳美如，2018）。當然，素養導向教育能否取得成，關鍵仍在教師是否能夠真誠地認同當中的理念，以及具備相關的專業知能（林郡雯，2018）。由此可見，素養導向教學強調培養學生核心素養，讓他們能夠把知識轉化為技能及態度，並以之面對未來生活的挑戰。當然，素養導向教學能否取得真正的成功，關鍵就是在於是否有足夠數量、具備專業知能的教師推動。

三、香港高中國文科實施素養導向教學的問題

（一）素養導向淪為應試導向

香港高中國文科課程規定教師需要以素養導向教學為核心，並採取多元的教學方法，以讓學生學習不同的知識、掌握不同的能力，以及培養不同的價值觀及態度（香港課程發展議會、香港考試及評核局，2015）。雖然如此，可是新高中課程實施後，主流教育仍然無法擺脫競爭、增值的枷鎖，這不但使根深柢固的應試教育文化變得有增無減，而且更使學校以追求學術排名為先（余玉珍、尹弘颷，2016）。由此可見，在這樣的背景下，學校都只追求學術排名，全力催促學生的學業成績，以使學生能夠爭取佳績考進心儀大學，而學生的素養如

何，自然亦不被重視。

（二）學校教師團隊未能凝聚共識

在實施高中國文科素養導向教學之時，學校管理層與前線教師對「素養」都有著不同的理解，學校管理人員普遍把「素養」理解為能夠協助學生適應未來社會變化的能力及態度，而第一線教師普遍傾向把「素養」理解為具體的本科學習範疇能力（語文能力），兩者理解的差距，自然造成國文科實施素養導向教學之困難（陳健生、霍玉英，2012）。由是觀之，學校管理人員必須與第一線國文科教師回歸課程大綱，並對「素養」的定義取得共識，否則便會造成校本課程設計及推行的困難。

（三）校本評核未能照顧學生的學習興趣

新高中國文科課程中採納校本評核機制，即學校可以按照校內學生的生活經驗、特質、動機及興趣，自擬並設計選修單元的課程，以培育學生的素養及學習的主動性，例如：口語才藝、流行文化（香港課程發展議會、香港考試及評核局，2015）。然而，在實施國文科校本評核時，教師為了需要滿足考試及評核局對校內評核的要求，以及追趕教學進度，於是只能不斷催迫學生完成海量而繁瑣的課業及評核，這不但違背了「照顧學生學習興趣」的初衷，而且更加劇了學習積極學生的壓力，同時也進一步打擊低學習動機學生的學習意欲（譚彩鳳，2009）。由是觀之，校本評核因為評核內容繁瑣複雜、計算公開考試分數，所以未能夠發揮照顧學生學習興趣的功能，更使得素養培育淪為折磨學生的考試工具。

（四）欠缺常規的跨學科協作教學

香港課程發展議會、香港考試及評核局（2015）指出國文科教師應與其他學習領域的統籌人一起推動跨學科的協作教學，以共同培養學生的核心素養（共通能力）。然而，很多學校在規劃新高中課程時，仍然只以文、理、商科等劃分課程，只著重傳統學術的課程，致使失卻拓闊課程及學習領域的意圖（陳健生、陳智中，2012）。因此，在這樣的情況下，學校管理人員仍然只停留在以學科知識作爲劃分課程的概念，未能夠有更廣闊的視野及知識面去推動跨學科協作，在這樣的情況下，各學科的教師只能夠「單打獨鬥」，最終致使學校未能夠有系統地培育學生的核心素養。

（五）欠缺多元評量

在很多時候，國文科教師只重視協助學生的應試訓練，而未能夠從學生的需要去設計評量的模式及要求，而且大多只強調紙筆評估的作用，致使只有學生的知識水平得到評估，而其他不同的素養（技能、態度及價值觀）則未能夠得到有效的評量（吳善揮，2013）。由是觀之，在未能擺脫應試教育文化的枷鎖下，國文科教師依然只重視紙筆評估的運用，而未能夠採取多元評量的方法去評估學生是否能夠從課程之成功建構出核心素養。

四、改善香港高中國文科實施素養導向教學問題的策略

（一）刪減冗長的課程內容

高中課程過於浩大，使得教師只能顧及應試教育，而未能夠顧及培育學生的核心素養。因此，筆者建議香港教育局邀請大學教授、資深中

學校長、第一線國文科教師等組成專責委員會，檢視並刪減適量的高中國文科課程內容，例如：以實用文類寫作替代聆聽及綜合能力考核、減少校本評核的選修單元等，以騰出空間讓教師可以真正地培育學生的核心素養。

（二）重新檢視校本評核的運作問題

校本評核為第一線國文科教師帶來繁瑣的工作，使得他們沒有時間思考如何把教學對應核心素養的培育要求。因此，筆者建議香港教育局和香港考試及評核局全面調查國文科校本評核的實施現況及問題，並在充分考慮廣大教師的意見後，刪減校本評核的內容及要求，例如：減少選修單元的評估次數（由3次減少至2次）、減少閱讀活動的次數等，以增加素養導向教學的空間，那麼培育學生核心素養便不會淪為口號。

（三）加強教師推動跨學科協作教學

只有跨學科協作教學才能夠避免重複相同的教學內容、節減課時，以及有系統地培育學生的核心素養。因此，筆者建議學校管理人員大力推動不同學科的協作，例如：國文科與通識教育科的教師可以合作教授中國傳統道德文化（價值觀及態度），又或與中國歷史科教師合作教授先秦諸子百家思想（價值觀及態度）等。另外，教育局也可以舉辦更多的研討會、教學分享會等，以提升國文科教師推動跨學科協作的專業知能。那麼筆者相信這些做法都有助改善國文科推動素養導向教學的困難。

（四）加強素養導向教學的宣導

在應試教育下，香港教師依然未能掌握「素養」的概念，因此他們自然不知如何實施相關的教學，也未能接受多元評量的理念。因此，

筆者建議大學機構可在大學本科階段（畢業後成為註冊教師的學位課程），開設「素養導向教學導論」，當中教授素養導向教學的理念、多元評量方法等，以讓他們對之有基礎的認識。此外，針對在職教師的需要，筆者建議教育局與大學師資培訓機構合作舉辦專業證書課程，以使他們能夠掌握素養導向教學的方法及評量，並將之納入申請升等的條件之一。筆者相信這都有利他們設計相關的課程，那麼學生便能夠從中培養出核心素養。

（五）引入多元評量

現今國文科教師多以紙筆評估測試學生的語文能力。事實上，教師可以善用教學空間來推動多元評量，以使不同能力的學生也可以建構出學業成就。筆者認為教師可以善用高中階段校本評核給予的空間，在當中實施多元評量。例如：若學校開設「文化專題探討」單元，教師可以要求學生製作一段廣播劇（當中的內容須環繞中國文化精神的探討），以評估學生能否應用到所學的文化理念（仁、義、禮、智、信）；若學校開設「翻譯作品導讀」單元，教師可以實施朗讀劇場，要求學生按照指定的讀本和角色，創作一個限時3分鐘的獨白，展現文本的中心思想，以評估學生能否深入掌握到文本的精髓。筆者深信只要教師願意嘗試多元評量的不同方法，那麼不同能力的學生將可受益。

五、總結

最後，實施素養導向教學已經是世界教育的潮流，同時也是香港政府銳意推動的課程改革項目，雖然當中面臨著不同的挑戰，可是筆者深信，只要教師願意為了學生的好處而改變態度，那麼素養導向教學便能夠得到真正的落實，而不同能力的學生亦能從中得到真正的裨益。所謂「功在不捨」，只要我們能夠在國文科素養導向教學之中持續深耕，那麼終有一天會取得成功。

參考文獻

余玉珍、尹弘颷（2016）。香港新高中課程改革下的融合教育實踐困境。**教育學報**，44(2)，183-217。

吳善揮（2013）。困境中的嘗試——香港中文科的多元評量設置。**新北市教育**，8，49-53。

吳壁純、詹志禹（2018）。從能力本位到素養導向教育的演進、發展及反思。**教育研究與發展期刊**，14(2)，35-64。

李怡穎、練芳妤（2019）。國語文素養導向教學試煉。**臺灣教育評論月刊**，8(8)，31-36。

林郡雯（2018）。幾個關於以核心素養為導向的課程轉化問題。**中等教育**，69(2)，40-56。

林琮智、鄭健源（2018）。素養導向概念之國小健康與體育課程。**屏東大學體育**，4，89-100。

香港課程發展議會（2001）。**中國語文課程指引**（初中及高中）（2001）。香港：香港課程發展議會。

香港課程發展議會、香港考試及評核局（2015）。**中國語文課程及評估指引**（中四至中六）。香港：

陳育祥（2018）。以素養導向觀點探討中等學校藝術師資培育教材教法課程現況與實踐。**教育科學研究期刊**，63(4)，89-117。

陳昭宇（2018）。素養導向的體育課程與教學：證據本位實務的思考。**課程與教學季刊**，21(2)，111-140。

陳健生、陳智中（2012）。面向新高中課程改革：學校政策制定者的觀點和決定。**課程研究**，7(1)，65-85。

陳健生、霍玉英（2012）。學校管理層及教師對「能力導向」新高中中國語文科課程的理解：個案研究。**教育學報**，40(1-2)，95-114。

詹惠雪、陳美如（2018）。自然科學素養導向課程設計與實踐－以國中理化能源主題為例。**中等教育**，69(4)，90-104。

譚彩鳳（2009）。從香港教師的視角探究校本評核的實施問題——實踐與信念之分析。**教育研究集刊**，55(1)，25-62。

第十一章

素養導向體育教學之
教育理念與執行困境

蔡岳暻

國立暨南國際大學教育政策與行政學系博士班研究生

臺中女中學務主任

一、前言

　　十二年國民基本教育課程綱要（以下簡稱新課綱）以「自發、互動、共好」三個概念爲其終極教育理想，強調培養以人爲本的終身學習者，且以核心素養作爲課程發展之主軸，其內含自主行動、溝通互動和社會參與等三維面向，由此又擴展成九項核心素養（教育部，2014）。「實踐素養導向之課程與教學」可謂是這一次課程改革的核心理念（楊俊鴻、張茵倩，2016），此種理念明確地標示出，此波課程革新脈絡是以學生爲學習主體，從課程標準（民國89年以前）的知識本位課程以「教完」爲目的，至九年一貫（民國90-107年）的能力本位課程以「教會」爲目標，再到素養本位課程（民國108年以後）以「學會」爲過程與方向。

　　2020年正式實施的新課綱中，究竟何謂素養導向體育教學？其在執行上遭遇到什麼困境？有何因應策略？本文將以文獻分析，探究何謂素養導向體育教學，並透過半結構性訪談30位現職國、高中體育教師來了解執行新課綱時的困境與限制，最後提出相關因應策略。

二、素養導向體育教學之意涵

　　以下從素養與核心素養意涵、身體素養意涵及素養導向體育教學三個面向分別探討。

（一）素養與核心素養意涵

　　「素養」同時涵蓋competence及literacy的概念，是指一個人接受教育後學習獲得知識（knowledge）、能力（ability）與態度（attitude），而能積極地回應個人或社會生活需求的綜合狀態。素養中擇其關鍵的、必要的、重要的，乃爲「核心素養」（蔡清田，2014）。蔡清田（2014）針對新課綱「素養」定義爲，指學生在國民教育階段學

習所獲得整合的知識、能力與態度，藉此能夠面對個人與社會生活的需求，其中自主行動、溝通互動、社會參與為核心素養，以培養終身學習者為主要目標。

核心素養承續過去課程綱要的「基本能力」、「核心能力」與「學科知識」，但涵蓋更寬廣和豐富的教育內涵，核心素養的表述可彰顯學習者的主體性，不再只以學科知識作為學習的唯一範疇，因此核心素養是指一個人為適應現在生活及面對未來挑戰，所應具備的知識、能力與態度，並強調學習不宜以學科知識及技能為限，而應關注學習與生活的結合，透過實踐力行而彰顯學習者的全人發展。新課綱藉由核心素養來展開不同學習領域的「學科素養」（國家教育研究院，2014），而落實到體育領域課程中的學科素養，「身體素養」（physical literacy）的概念正與新課綱精神不謀而合（林靜萍，2017）。

（二）身體素養意涵

身體素養的概念於1938年在美國的《健康與體育教育雜誌》（*Journal of Health and Physical Education*）刊登的文章就提出，公立學校應對學生的身體素養和心理素養負責；1993年以後，這個概念在西方國家普遍開始付諸實踐，英國學者Margaret Whitehead（2001）認為身體素養的概念是以養成終身運動習慣為最終目標，隨著時空環境需求的演進，身體素養的定義演進為利用人類具有的能力，其中包含個人具有動機，信心，身體能力，知識和理解來重視和承擔責任，在整個生命歷程中保持有目的的追求身體活動（Whitehead, 2010）。2010年，國際體育科學和教育理事會（International Council of Sport Science and Physical Education, ICSSPE）明確提出身體素養是體育教育的結果；Whitehead並於2012年統整各學者看法後，提出身體素養應包含以下三個面向及一個最終目標，分別是情意方面（動機、自信、運動價值、責任）、身體方面（非單一技能，而是能在多元環境中具有遷移作用的能力）、認知方面（包括身體及運動知識、理解和應用）、身體素養的

最終目標為終身參與身體活動，更點出了身體素養的基本原則與益處（李平群，2018，頁92），此概念為多數學者所採用；2015年，聯合國教科文組織把身體素養作為體育的目的之一，寫進新的《國際體育教育、體育活動和體育運動憲章》。身體素養的教學、課程理念已被許多國家採用並付諸實踐，甚或作為國家體育政策的依據，例如：英國、美國、加拿大、新加坡、澳洲等（程瑞福，2018），身體素養的概念以「教育」的觀點解釋素養是最普遍，即體育課程的教學目標中，身體活動學習需達到的身體素養（林琮智、鄭健源，2018），強調身體知覺作為建構知識與理解的能力，提倡藉意向性，連接身體與環境的互動，激發身體的動機，養成自信，啟動價值的認識，體現終身運動的習慣，藉以面對挑戰，探索最妥適的解決策略，應是時勢所趨，人人所必備的能力（許義雄，2017）。

　　綜上，身體素養是指利用人類具有的能力，透過身體與環境的互動連結來知覺與建構使個體擁有動機、自信、責任、身體能力與知識，以及能理解身體活動之價值，進而擁有並能終身參與身體活動的能力，它是每個人都應擁有且各自有其獨特性的。

（三）素養導向體育教學

　　「素養導向」概念強調個體應具備知識、能力與態度的整體，並運用於生活上的實踐力行之特質，它是一種由「核心素養」與「學科素養」所構成的一種課程與教學的導向（楊俊鴻，2018），希望透過不同的科目／領域的引導，來培養學生溝通表達、批判思考、自主規劃、特殊情境，以及實務應用的能力（林靜萍，2017；陳昭宇，2017）。在新課綱實施而言「素養導向體育教學」就是在體育課程的設計與教學操作實施過程中，一方面培養身體素養，另一方面，則是考量並落實新課綱之三大面向與九大項目核心素養。

三、素養導向體育教學之策略與內容

以下就相關文獻的整理，分別說明素養導向體育教學之教學策略與教學內容：

（一）教學策略

身體素養的教學實踐策略是建立在其哲學基礎（存在主義、現象學）之上，因此並非只是一種「教學技術」或「教學法」的問題，而是一種挑戰，挑戰我們「重新看待身體」的方式，如何從我「有」（avoir）身體到我「是」（être）身體的觀點轉移（掌慶維，2017，頁38），因此為有效進行素養導向體育教學，教師應依據學生多方面的差異（包括年齡、性別、學習程度、學習興趣、多元智能、身心特質與族群文化等）規劃適性分組、採用多元教學策略（例如：PHE Canada提出的EDUCATION策略）、模式或方法（例如：樂趣化體育教學、理解式球類教學法、摩斯登（Mosston）教學光譜、運動教育模式、動作教育模式、體適能教育模式、個人與社會責任模式、分站教學及其他）、提供符合不同需求的學習材料與評量方式，善用班級經營技巧及透過分段或連續步驟的解說與示範、練習與回饋，結合生活經驗與基礎技能協助學生習得運動技能與促進運動參與，並養成終身學習與終身運動習慣（國家教育研究院，2014）。

（二）教學內容

新課綱指出學生的「學習重點」由「學習表現」和「學習內容」開展組成，並以「主題範疇」來區分，「挑戰類型運動」含田徑與游泳，學習主動挑戰自己的極限；「競爭類型運動」型運動含網／牆性球類運動、陣地攻守性球類運動、標的性球類運動與守備／跑分性球類運動，強調攻守與合作；「表現類型運動」含體操、舞蹈、民俗運動，學

習運動賞析與文化精神，均透過認知、情意、技能、行為四種表現類別，發展學歷程，顯現學習效果。

學習表現常以動詞進行敘寫，重視學生認知歷程、情意與技能之學習展現。學習內容係指各領域重要的、基礎的內容，涵蓋本領域之重要事實、概念、原理原則、技能、態度與後設認知等知識。以學習表現與學習內容雙向度進行教材編選，學習表現與學習內容可以有不同的對應關係，透過學習表現和學習內容所形成的二維交織矩陣，並呼應核心素養，進而轉化爲各單元的主題名稱及其學習目標，再依主題名稱及其學習目標，發展教案及教學材料（楊俊鴻，2016）。在體育課程的實施上，教師需要進行自我學習轉化，勇敢承接轉化課程的權與責，亦要能提升自我課程設計能力，進行以學習重點爲中心之課程設計。因爲課程綱要轉化，教師是隱身於課程與教學背後之靈魂人物，也是課程革新是否成功的關鍵人物（陳思玎，2017）。

四、素養導向體育教學之實施困境與因應策略

作者透過半結構性訪談30位現職國、高中體育教師（北部、中部、南部各10位），來了解新課綱自2020年8月正式實施以來，在素養導向體育教學實務上的執行困境與限制，並據此提出相對因應策略。

（一）實施困境與限制

1. 體育教師素養導向教學之專業限制

新課綱初上路對於許多教師仍是一知半解，在缺乏動機前提，往往僅是流於口號形式，尤其藝能科的教師在非升學科目無素養導向考試命題的壓力下，更是明顯，殊不知素養導向體育教學所強調的已是不能用技能疊加的思維方式，在教學上須有學習遷移，課程設計需有情境化架構，並以核心素養作爲課程發展的主軸，進而連貫各教育階段及連結各學習領域，因此在缺乏動機及專業素養的限制下，無法有效落實。

2. 專業增能研習的參加困境

雖然有許多的新課綱增能研習，但在繁重的課務、教學進度壓力及學校教育經費的限制下，往往相關的增能研習，老師們是無法參加的。

3. 龐雜的行政事務處境

體育教師兼任行政工作之比例過高，導致無暇充實專業並落實素養導向教學，就算不在行政職上也難以倖免，因為還有運動校隊的訓練及比賽、各類校內運動競賽的協助、甚或各處室業務推動的協助。

4. 設備與場地的限制

因應新課綱教育部有編列相關經費建置、更新專科教室，惟學校大都以學科之專科教室為優先，體育教學在軟硬體環境不足下，造成課程項目安排受限、教師教學空間重疊、設施設備不足降低學生身體活動參與機會，致使教學效能不彰。

5. 校長的體育課程領導限制

體育為非升學考試科目及校長非本科系等因素，造成部分校長對於體育之身體素養的內容與理解是相對學科領域薄弱的，因此在學校推動素養導向體育教學上，較無法具體且深入的有效參與。

（二）因應策略

1. 增強教師內在動機、引進外部資源

動機（motivation）是指引發個體活動，維持該活動，並促使該活動朝每一方向或目標前進行為的內在作用，是一種促使個體進行各種行為的內在動力（張春興，2007），教育改革的關鍵在於教師是否有促使自己願意學習及轉換的動機，因此在新課綱推動的同時，應增強教師之內在動機，並引進外部資源、減少外部壓力，進而促進內在動機與外部支援系統的合作，以相得益彰，才能穩進地推動新課綱。

2. 教師的專業培力與增能

當教師對新教育政策與專業議題有更深的理解時，才能有效革新課程與教學（Fullan & Hargreaves,1992），為提升教師之專業素養能力，可透過以下方式：

(1) 編列預算、引進外部資源並積極輔導建立教師社群，透過社群的共備觀議課來提升教師專業養能力。

(2) 教育主管機關可透過專案計畫、研習，來開發各類素養導向教學計畫示例，並將之放於線上，供教師隨時學習與參考。

(3) 編列專款（差旅費、代課費）用於教師參加新課綱增能研習，提高教師參與意願。

(4) 相關增能研習利用假日、寒暑假或段考日進行，避免與正課重疊，增加教師參與機會。

3. 行政簡化、業務分工

透過行政流程的簡化，來減少兼任行政工作的教師壓力及工作時間，並善用內部與外部資源協助各類運動代表隊的訓練及競賽裁判工作，讓教師有時間與精力能進行新課綱之增能與落實。

4. 運動設備場館調查與建置

體育教學軟硬體環境之完善，學校運動場地、設備、器材之充實與否，是決定體育課程能否有效進行教學的關鍵（陳美燕、施登堯，2017），因此教育主管機關應主動、即時進行學校場館、器材與設備現況調查與需求評估申請，並編列相關經費預算補助，建設與購買器材，另一方面透過教師善用教學方法與策略，彌補場地與器材限制，方能完善落實素養導向體育教學。

5. 樹立校長課程與教學領導身影

校長的領導對於學校的影響無庸置疑（林明地，2000），尤其在推動新課綱中更扮演著關鍵的角色，校長應落實課程與學領導，積極參與教師專業研討與對話，引領教師進行課程轉化的課程研發設計、策略評量，進而活化創新，促使教師達到有效的素養導向教學。

五、結語

　　在「成就每一個孩子—適性揚才、終身學習」的新課綱願景架構下，素養導向體育教學強調學生學習的主體性、獨特性與自主性，透過與日常生活情境的連結互動養成身體素養，並連貫各教育階段及連結各學習領域發展核心素養，以達學生人人皆能參與身體活動並養成規律運動習慣、發展人際關係與團隊合作精神、能運用生活技能以探究與解決問題、能成為終身學習者、能建立健康生活型態，能養成各種身體活動能力與運動文化素養及國際觀等內涵的新世紀公民。期盼透過內外部資源引進與結合來提升體育教師內在動機、新課綱素養專業能力與完善場館設備，並在校長課程與教學領導氛圍之中，必能有效落實素養導向體育教學進而達到新課綱教育願景。

參考文獻

一、中文部分

李平群（2018）。國際體育發展趨勢：身體素養。**學校體育**，166，90-99。

林靜萍（2017）。落實素養導向體育課程與教學。**學校體育**。162，4-5。

林琮智、鄭健源（2018）。素養導向概念之國小健康與體育課程。**屏東大學體育**，4，89-100。

林明地（2000）。校長領導的影響：近三十年來研究結果的分析。**國家科學委員會研究彙刊：人文及社會科學**，10(2)，232-254。

許義雄（2017）。**現代體育學原理（上冊）：基本概念**。新北市：揚智文化。

陳思玎（2017）。新竹市龍山國小新課綱下的素養導向課程。**師友月刊**，595，22-28。

教育部（2014）。**十二年國民基本教育課程綱要總綱**。臺北市：作者。

國家教育研究院（2014）。**十二年國民基本教育課程發展指引**。臺北市：作者。

陳昭宇（2017）。素養導向的體育課程：從課堂的「學習」談起。**學校體育**，162，6-18。

陳美燕、施登堯（2017）。**學校體育教學設備器材現況調查與分析計畫**。未出版委託專案期末報告初稿，教育部體育署，臺北市。

程瑞福（2018）。身體素養導向──期待體育即生活。**學校體育**，168，2-4。

張春興（2007）。**張氏心理學辭典**。臺北市：東華。

掌慶維（2017）。身體素養導向教學之展望與挑戰。**學校體育**，162，31-43。

楊俊鴻（2016）。以核心素養為導向的體育課程與教學。**學校體育**，153，7-18。

楊俊鴻（2018）。**素養導向課程與學：理論與實踐**。臺北市：高等教育出版社。

楊俊鴻、張茵倩（2016）。素養導向課程與教學的實踐：以臺南市保東國民小學全校性的公開課為例。**2016邁向十二年國教新課綱：學生學習與學校本位課程發展研討會**，1-19。

蔡清田（2014）。**國民核心素養：十二年國教課程改革的DNA**。臺北市：高等教育出版社。

二、英文部分

Hargreaves, A., & Fullan, M. G. (1992). *Understanding teacher development*. New York, N.Y.: Teachers College Press; London: Cassell, 1992.

Whitehead, M. E. (2001). The concept of physical literacy. *European Journal of Physical Education, 3,* 127-138.

Whitehead, M. E. (2010). *Physical literacy throughout the lifecourse* (pp. 12-14). London and New York: Routledge Taylor & Francis group.

第十二章

從STEAM教育培育核心素養

葉建宏

國立臺灣師範大學工業教育學系博士學位候選人

葉貞妮

國立臺北科技大學技術及職業教育研究所博士生

一、前言

　　目前全球各國致力於推行素養導向教育，以保證學習者能夠具備未來社會所需之素養，且透過素養導向教育，幫助學習者之個人生涯發展，並希冀促進社會與經濟蓬勃發展（吳清山，2017）。二十一世紀核心素養是具備能夠面對全球化、知識時代與科技發展之挑戰的整合性能力，涉及學習、識字與生活技能（Ridwan, Rahmawati, & Had-inugrahaningsih, 2018）。也因此，近十多年來，國內外的政府組織與教育專家學者高度提倡核心素養（core competence）的重要性。如聯合國教育科學文化組織（United Nations Educational, Scientific and Cultural Organization, UNESCO）於2003年提出終身學習的五大支柱，以具備終身學習的素養（UNESCO Institute for Education, 2003），另外，歐洲聯盟（European Union）強調在現今迅速變遷的社會中，個體應擁有「通用素養」（generic competences）（European Commission, 2006）。

　　顯見臺灣十二年國民基本教育（簡稱十二年國教）的核心素養與國際組織所界定的二十一世紀所需具備的核心素養不謀而合，臺灣的教育界從95暫綱的核心能力到108新課綱的核心素養的名詞解釋與定義有諸多討論。而歐美國家，經常將「素養」（competence）、「能力」（ability）與「技能」（skill）等字彙交會應用（蔡清田，2012），然而其概念有所差異。依OECD（2016）所提素養應包含知識、技能、態度和價值四個面向。王金國（2018）則認為核心素養的概念為知識、技能與態度的整合，並非單一向度。而108十二年國教課程綱要總綱，提出核心素養包含「社會參與」、「溝通互動」、「自主行動」等三種面向，其中又可再細分出「語文表達與符號運用」、「資訊科技與媒體素養」、「藝術欣賞與生活美學」、「公民責任與道德實踐」、「人際關係與團隊合作」、「國際理解與多元文化」、「身心健康與自我實現」、「系統思考與問題解決」、「規劃執行與創新應變」等九項目之素養內涵，其涵蓋知識、態度與能力等教育價值與功能（國家教育研究

院課程及教學研究中心核心素養工作圈，2015）。

　　核心素養是十二年國教之課程發展核心，而十二年國教強調跨科、跨領域的概念。王佳琪（2017）指出核心素養導向的課程並非讓學習者單向性的接收學習內容，而是強調讓學生經由力行實踐，學以致用，在教學過程中，重視學習與日常生活連結。而STEM教育中實踐活動引導學生更具體地思考問題，並幫助他們嘗試各種策略（Kaldi, Filippatou, & Govaris, 2011），可見基於STEM（Science, Technology, Engineering, Math）之課程，為學習者在學習相關學科領域內容時，建構跨領域之學習機會與體驗（劉晟，2016），而近年來STEM教育，更加入藝術人文（art），發展為STEAM教育。而Kim、Chung、Woo與Lee（2012）等學者提出韓國可透過STEAM教育來培育跨越傳統學科界限的核心思想與理解不同學科性質等關鍵知識，以及探索科學世界、解決問題、溝通與合作等關鍵能力，促使學習者具備因應二十一世紀所需的知能。由此可知，STEAM教育有助於十二年國教新課綱中的核心素養的培養。

二、STEAM教育之特色

　　STEM教育源自於1990年代的美國國家科學基金會（National Science Foundation, NSF）（Bybee, 2010a），旨在培育現代社會中所需的科際整合應用之專業技術人才，藉此促進國家的經濟與科技發展，進而提升國際競爭力。而STEM教育的特徵包含探究、設計與分析歷程（Bybee, 2010a），並將科學、科技、工程與數學等四大領域進行整合性應用（Hong, Ye, & Fan, 2019），藉此消弭四大學科領域之間的間隙。同時，STEM教育強調透過至少兩個STEM學科來構建應用步驟（Liao, 2016），故STEM教育的實施歷程中，不一定要同時整合應用到四個學科，但若僅教授單一學科應用，並不能稱之為STEM或STEAM教育。

　　對大多數人來說，即使STEM對於科技、工程產品與日常生活產生

了很大的正向影響，此教學方式仍被當成僅僅是教授科學與數學等學科知識，然而，真正的STEM教育應該是強化學習者對事物運作方式之理解，並提高他們對科技綜合使用（Bybee, 2010b），如Hong等人（2019）則將STEM融入於時尚設計教育的課程之中，以幫助學習者提升其創意表現。

此外，STEM教育雖然有助於培養專業技術人才，但培養的知能仍不夠全面性，尚缺少人文涵養與思維知能。而藝術人文（art）被認為可以促進認知發展，包含培養學習者的批判性思維、創造力、解決問題與決策，以及溝通與協作能力（Sousa & Pilecki, 2013），故專家學者提倡將藝術人文（art）加入到STEM教育中，進而轉變成更全面向的STEAM教育。因此，先進國家早期多實施STEM教育，而目前則改為施行STEAM教育。

胡央志（2019）指出STEAM教育涵蓋跨領域、動手做、生活應用、解決問題、五感學習等五大精神。為了滿足二十一世紀之需求及挑戰，許多研究者依照各種教學架構進行STEAM教育，從本質上而言，STEAM課程可以成為一種工具，透過此工具可以提供所有學習者具有高質量（high-quality）、循證（evidence-based）、差異化（differentiated）、基於標準的教學（standards-grounded instruction）之學習內容（Gess, 2017）。

綜上所述，融入藝術人文的STEAM教育，提供學習者更全面性的學習範疇，能幫助學習者提升動機、強化思維邏輯、問題解決的實踐與提升藝文素養，顯見將有助於核心素養的養成。

三、未來可行之教學策略

STEAM教育推動在國際間如火如荼的展開。如美國喬治亞大學（University of Georgia）為有效推動STEAM教育，針對工程學院與藝術學院所開設的「綜合與設計」課程，規劃跨學科設計工作室，希冀修課學生能在此空間中創作出具有藝術、人文、工程、創新等特點的設

計作品（Guyotte, Sochacka, Costantino, Walther, & Kellam, 2014）。
另外，韓國科學與創造力基金會（Korean Foundation for the Advance-
ment of Science and Creativity）推動使用數學公式來表達模型美感之
STEAM教學活動，故將3D列印應用於Uni數學建模課程（Lee, Lee,
Park, Lee, & Ahn, 2015），在此課程中，即包含列印材料（科學）、
列印工具（科技）、模型結構（工程）、美感設計（藝術）與公式應用
（數學）等。STEAM教育中的許多精神與核心素養的內涵不謀而合。
是以，有效推動STEAM教育將有助於學習者從STEAM中學習到核心素
養，而本文在探討多篇海內外文獻後，提出下列六項可行的策略：

（一）剖析課程內涵並對應至STEAM學科

　　在STEAM教育中，知識內容是從各個學科領域進行萃取，因此能
夠緊密且系統性地進行應用。依此，STEAM教育需要可以有效地掌握
這些不同學科的系統思維（Park & Lee, 2014）。由上可知，STEAM並
不限於科學或科技領域，亦可從生活或一般學科中來體現，但須懂得
STEAM的核心內涵才能做到。以歷史學科為例，除可教授歷史中的人
文意涵，亦可從歷史知名建築來剖析STEAM知能，如「北京紫禁城的
建造與維護」中所應用到的科學、科技、工程、藝術、數學等STEAM
元素，如考量建築材料的特性為科學原理應用、排水系統的設計為科技
應用、建築的穩定性與耐用性為工程原理、色彩配置及藝設計為藝術
的體現，尺寸的丈量與座標的設定為數學的應用。因此，只要處處留
心，皆可以分析出STEAM並將其應用，這可打破傳統的單一學科的學
習概念，讓單一學科的學習內容更豐富。藉此培育十二年國教新課綱中
所提多項核心素養。

（二）激發自主學習動機

　　自主學習可幫助學習者在學習活動中確立自己的學習目標、制定學

習計畫，並做好學習準備（蔡明學，2012）。因此，近年來，自主學習成為全球教育改革之焦點（吳善揮，2015），自我學習（self-learning）是十二年國教課綱中，其中一個核心素養的重要面向。故有效地引導與激發學習者的自主學習動機，對於核心素養的培養大有助益，並且讓學習者成為終身學習者，這也呼應到核心素養中，自主學習向度的身心素質與自我精進。

（三）培養批判性思考能力

批判性思考（critical thinking）是一種智能訓練的歷程，個體透過主動與巧妙地概念化、應用、分析與綜合性評估，從觀察、經驗、反思中蒐集或產生的資訊（Ennis, 2018）。同時，批判性思考需要一種積極的態度來投入與推理過程（Halpern, 2010）。故培養批判性思考能力，不僅有助於提升問題發現能力及解決能力，亦有助於強化學習者的學習投入，這也呼應到核心素養中，自主學習向度的系統思考。

（四）強調務實致用的動手能力

經由實作活動過程，可以經歷問題解決的流程（葉栢維，2017），透過動手實作來幫助學習者建立自信心，啟發創意思維，同時也透過學習體驗強化其學習經驗（張玉山，2018），而務實致用的動手做精神被要求在十二年國教中體現。因此，以動手實踐的方式取代傳統的講授方式，將有助於學習者培養問題解決的能力，與累積實務經驗。

另外，亦可鼓勵學習者參與動手做STEAM競賽，如PowerTech青少年科技創作競賽；亦或具有創客特質的發明展，如IEYI世界青少年創客發明展。讓參與者透過「以賽促學」的方式動手實踐，同時在完成作品的同時，亦會自然地將知識進行整合與應用，以達到創新！這也呼應到核心素養中自主學習向度的系統思考與解決問題及社會參與向度的

人際關係與團隊合作等。

（五）採用探究式教學法

洪榮昭（2019）指出探究式學習有助於提升學習者的認知投入、情意投入與心智投入。因此，透過探究的學習歷程，將有助於幫助學習者的學習沉浸感與學習動機。而探究式學習模式有非常多種類，其中Hong等人（2019）提出POQE探究式教學模式，透過預測（prediction, P）、觀察（observation, O）、測驗（quiz, Q）、科學解釋（explanation, E）。透過簡易的步驟歷程，即可爲學習者營造出良好的探究與實作情境。而爲能更符應新課綱中的探究與實作精神，宜擴展POQE探究式教學模式模式中，融入動手操作（do, D）、同儕／師生討論（discussion, D）等探究歷程，延伸爲PDODQE探究教學模式。這也呼應到核心素養中自主學習向度的系統思考與解決問題及溝通互動向度的符號運用與溝通表達等。

（六）提供以專題導向的學習方式

吳璧純（2017）表示素養導向的課程與教學，一方面重視學生的學習歷程；另一方面，也重視學生的學習成果。因此，專題導向的學習方式將有助於顯化學習成果，而葉栢維（2017）指出學生在專題式學習的指導下，能夠有效綜合STEAM五大領域的知能。同時，二十一世紀的教育強調跨領域、統整、專題探究學習之重要性（范信賢、尤淑慧，2017）。基此，透過專題導向學習的方式，不僅能符合核心素養所要求的成果導向，在專題歷程中，學習者亦可以培養團隊合作與溝通能力。這也呼應到核心素養中自主學習向度的系統思考與解決問題及社會參與向度的人際關係與團隊合作等。

四、結語

　　核心素養旨在為學習者提供二十一世紀所需具備的知能與態度，強調幫助學習者養成出良好的終身發展所需的知能，獲得一輩子帶得走的能力，並且成為終身學習者，因此，十二年國教總綱強調「核心素養」之重要性。然而，如何確實融入到課程與教材之中，是許多教師面臨的難題。而STEM教育則是實現培養目標的良好途徑，正確的實施STEAM教育中為學習者帶來良好的學習成果，STEAM教育強調批判性思考、問題發現、創新問題解決、探究與動手實作、跨域的知識整合應用。因此，透過上述六項建議，並將STEAM教育與核心素養的培養相結合，將更有效的促使學習者成為全面向發展的人才，更進一步成為終身學習者（李筆鋒，2016）。

　　核心素養著重於知識、認知、技能，以及態度、情意、動機等等整體性的綜合表現，希冀讓學習者在日常生活情境中，具有身體力行的實踐能力，而此類的素養知能，在許多研究證實學習者可以在STEAM教育中來獲得，且亦有許多研究證實基於STEAM的教育模式，將有助於提升學習者的持續學習意願及學習的自主性與投入感。是以，在STEM或STEAM教育，應以更高層次與廣泛的學習意義的來看待，不應將STEAM侷限於科學教育或工程教育，STEAM的學習範疇與教育目標應取決於教學者對於STEAM核心概念的理解程度，以及課程設計、教學目標與實施方式。

參考文獻

一、中文部分

王佳琪（2017）。十二年國民基本教育課程綱要總之核心素養：評量的觀點。**臺灣教育評論月刊**，6(3)，35-42。

王金國（2018）。以專題式學習法培養國民核心素養。**臺灣教育評論月刊**，7(2)，107-111。

吳清山（2017）。素養導向教師教育：理念、挑戰與實踐。**學校行政**，112，14-27。

吳善揮（2015）香港中學中文科教師推動學生自主學習之研究。**學校行政**，95，133-154。

吳璧純（2017）。素養導向教學之學習評量。**臺灣教育評論月刊**，6(3)，30-34。

李筆鋒（2016）。STEM理論視角下核心素養培養的實踐與思考。**基礎教育研究**，24，75-76。

洪榮昭（2019）。**探究式教學法**。臺北：國立臺灣師範大學教學發展中心。取自 http://ebook.ctld.ntnu.edu.tw:4300/guestClass/8

胡央志（2019）。讓教與學一加一大於二。**教育脈動**，18，1-10。

范信賢、尤淑慧（2017）。專題探究──十二年國教課綱及他山之石。**教育脈動11**，50-58。

國家教育研究院課程及教學研究中心核心素養工作圈（2015）。**核心素養發展手冊**。取自https://ws.moe.edu.tw/001/Upload/23/relfile/8006/51358/9df0910c-56e0-433a-8f80-05a50efeca72.pdf

張玉山（2018）。STEAM Maker跨域整合，實踐12年國教。**臺灣教育評論月刊**，7(2)，1-5。

葉栢維（2017）。STEAM理論融入高中科技實作活動設計──以手機號角音箱設計為例。**科技與人力教育季刊**，4(2)，1-20。

劉晟、魏銳、周平艷、師曼、王郅、劉堅、陳有義、劉霞（2016）。世紀核心素養教育的課程，教學與評價。**華東師範大學學報（教育科學版）**，3，38-45。

蔡明學（2012）。從學習核心素養探究國際的教育政策發展之趨勢。**教育資料與研究**，107，111-134。

蔡清田（2012）。**K-12各教育階段核心素養與各領域課程統整研究**。國家教育研究院總計畫期末報告（編號：NAER-100-16-A-1-02-00-2-03），未出版。

二、英文部分

Bybee, R. W. (2010a). Advancing STEM education: A 2020 vision. *Technology and Engineering Teacher, 70* (1), 30-35.

Bybee, R. W. (2010b). What is STEM education? *Science, 329* (5595), 996.

Ennis, R. H. (2018). Critical thinking across the curriculum: A vision. *Topoi, 37*(1), 165-184.

European Commission (2006). Key competences for lifelong learning: European reference framework. Retrieved from http://www.erasmusplus.org.uk/file/272/download

Ge, X., Ifenthaler, D., & Spector, J. M. (2015). *Emerging technologies for STEAM education*. Cham, CH: Springer.

Gess, A. H. (2017). Steam educaton: Separating fact from fiction. *Technology and Engineering Teacher, 77*(3), 39-41.

Guyotte, K. W., Sochacka, N. W., Costantino, T. E., Walther, J., & Kellam, N. N. (2014). STEAM as social practice: Cultivating creativity in transdisciplinary spaces. *Art Education, 67* (6), 12-19.

Halpern, D. F. *Undergraduate education in psychology: A blueprint for the future of the discipline*. Washington, DC: American Psychological Association.

Hong, J.-C., Tsai, C.-R. Hsiao, H.-S., Chen, P.-H., Chu, K.-C., Gu, J. & Sitthiworachart, J. (2019). The effect of the "Prediction-observation-quiz-explanation" inquiry-based e-learning model on flow experience in green energy learning. *Computers & Education, 133*, 127-138.

Hong, J.-C., Ye, J.-H, & Fan, J.-Y. (2019). STEM in Fashion Design: The roles of creative self-efficacy and epistemic curiosity in creative performance. *EURASIA Journal of Mathematics, Science and Technology Education, 15*(9), em1742. https://doi.org/10.29333/ejmste/108455

Kaldi, S., Filippatou, D., & Govaris, C. (2011). Project-based learning in primary schools: Effects on pupils' learning and attitudes. *Education 3–13: International Journal of Pri-*

mary, Elementary and Early Years Education, 39 (1), 35-47.

Kim, S.-W., Chung, Y.-L., Woo, A.-J., & Lee, H.-J. (2012). Development of a theoretical model for STEAM education. *Journal of the Korean Association for Science Education, 32*(2), 388-401.

Lee, S.-G., Lee, J.-Y., Park, K.-E., Lee, J.-H., & Ahn, S.-C. (2015). Mathematics, art and 3D-printing in STEAM education. *Communications of Mathematical Education, 29* (1), 35-49.

Liao, C. (2016). From interdisciplinary to transdisciplinary: An arts-integrated approach to STEAM education. *Art Education, 69* (6), 44-49.

OECD (2016). Global competency for an inclusive world. Paris: Author.

Park, B. Y., & Lee, H. (2014). Development and application of systems thinking-based STEAM Education Program to improve secondary science gifted and talented students' systems thinking skill. *Journal of Gifted/Talented Education, 24* (3), 421-444.

Ridwan, A., Rahmawati, Y., & Hadinugrahaningsih, T. (2018). STEAM integration in chemistry learning for developing 21st century skills. *MIER Journal of Educational Studies, Trends and Practices, 7* (2), 184-194.

Sousa, D. A., & Pilecki, T. (2013). *From STEM to STEAM: Using brain-compatible strategies to integrate the arts.* Thousand Oaks: Corwin Press.

UNESCO Institute for Education (2003). *Nurturing the treasure: Vision and strategy 2002-2007.* Hamburg: author.

國家圖書館出版品預行編目資料

素養導向的教育理念與實踐／楊雅妃等合著；
翁福元，陳易芬主編. ――初版.――臺北
市：五南, 2020.09
　　面；　公分
　ISBN 978-986-522-139-3（平裝）

　1.教育　2.文集

520.7　　　　　　　　　　　109010347

110Q

素養導向的教育理念與實踐

策　　　劃 ― 黃政傑(297)

主　　　編 ― 翁福元、陳易芬

作　　　者 ― 楊雅妃、楊素綾、鮑瑤鋒、張明麗、羅寶鳳
　　　　　　　鄭友超、吳俊憲、楊易霖、陳奕璇、周東賢
　　　　　　　蘇雅珍、陳靜姿、吳善揮、蔡岳暻、葉建宏
　　　　　　　葉貞妮（依寫作篇章順序排列）

發 行 人 ― 楊榮川

總 經 理 ― 楊士清

總 編 輯 ― 楊秀麗

副總編輯 ― 黃文瓊

責任編輯 ― 李敏華

封面設計 ― 王麗娟

出 版 者 ― 五南圖書出版股份有限公司

地　　　址：106台北市大安區和平東路二段339號4樓

電　　　話：(02)2705-5066　　傳　　真：(02)2706-6100

網　　　址：http://www.wunan.com.tw

電子郵件：wunan@wunan.com.tw

劃撥帳號：01068953

戶　　　名：五南圖書出版股份有限公司

法律顧問　林勝安律師事務所　林勝安律師

出版日期　2020年 9 月初版一刷

定　　　價　新臺幣280元

經典永恆・名著常在

五十週年的獻禮——經典名著文庫

五南，五十年了，半個世紀，人生旅程的一大半，走過來了。

思索著，邁向百年的未來歷程，能為知識界、文化學術界作些什麼？

在速食文化的生態下，有什麼值得讓人雋永品味的？

歷代經典・當今名著，經過時間的洗禮，千錘百鍊，流傳至今，光芒耀人；

不僅使我們能領悟前人的智慧，同時也增深加廣我們思考的深度與視野。

我們決心投入巨資，有計畫的系統梳選，成立「經典名著文庫」，

希望收入古今中外思想性的、充滿睿智與獨見的經典、名著。

這是一項理想性的、永續性的巨大出版工程。

不在意讀者的眾寡，只考慮它的學術價值，力求完整展現先哲思想的軌跡；

為知識界開啟一片智慧之窗，營造一座百花綻放的世界文明公園，

任君遨遊、取菁吸蜜、嘉惠學子！